CANALETTO malt DRESDEN

Kulturhistorischer Stadtführer durch
das barocke Dresden von 1766

CANALETTO malt DRESDEN

Raimund Herz

unter Mitwirkung von Martin Schuster

MICHAEL IMHOF VERLAG

Raimund Herz und Martin Schuster

CANALETTO malt DRESDEN

Umschlagabbildung
Der Neumarkt in Dresden von der Moritzstraße aus, 1749

Lektorat
Dorothée Baganz, Michael Imhof Verlag

Layout und Reproduktion
Margarita Licht, Michael Imhof Verlag

Druck
Grafisches Centrum Cuno GmbH & Co. KG, Calbe (Saale)

Michael Imhof Verlag GmbH & Co. KG
Stettiner Straße 25, D–36100 Petersberg
Tel.: 0661/2919166–0 · Fax: 0661/2919166–9
E-Mail: info@imhof-verlag.de · www.imhof-verlag.de

Printed in EU

ISBN 978-3-7319-1214-9

INHALTSVERZEICHNIS

VORWORT

Dieser originelle kulturhistorische Stadtführer durch das alte barocke Dresden ist schon deshalb etwas besonders Schönes, weil er sämtliche Dresdner Veduten von Bernardo Bellotto, genannt Canaletto als Gemälde und als Radierung zeigt. Er ist auch etwas besonders Originelles, weil hier der berühmte venezianische Vedutenmaler persönlich und in Simultanübersetzung durch seinen Sohn Lorenzo, den er Canaletto IV. nennt, seine Stadtporträts erläutert und dabei ganz locker neue Fakten ausplaudert, die wohl bisher selbst Bellotto-Spezialisten unbekannt waren.

Canaletto zeigt die Räume, in denen er seine Staffelei aufgestellt hatte, um die vor ihm liegende Szenerie *á la plein air* zu malen. In der Abschlussdiskussion im Kaffeehaus am Altmarkt lüftet er sogar ein wenig sein wohlgehütetes Betriebsgeheimnis, wie er die erstaunlich realitätsnahen Prospekte seiner Dresdner Stadtansichten und deren Repliken mit Hilfe seiner ganz speziellen Camera-Obscura-Technik anfertigt.

Mit diesem Stadtführer können Sie auch im heutigen Dresden auf den Spuren Canalettos wandeln und viel Sehenswertes entdecken.

Es ist uns daher eine Freude und ein Vergnügen, dieses Werk anlässlich der 300. Wiederkehr des Geburtstages von Bernardo Bellotto herausgeben zu können.

Diese Ausgabe kann durchaus als ein Update des Klassikers von Fritz Löffler betrachtet werden, der sein BERNARDO BELLOTTO genannt Canaletto – DRESDEN IM 18. JAHRHUNDERT schon 1985 verfasst hatte. Auch wenn dieses Update als fiktive Stadtführung an einem sonnigen Tag im August 1766 inszeniert wird, ist es durchweg auf dem aktuellen Stand der Bellotto Forschung.

Michael Imhof Verlag

VORWORT

Nach dem Siebenjährigen Krieg war Sachsen samt seiner Residenz zu Dresden am Boden zerstört. Das ausgelaugte Land musste als Folge des Friedens von Hubertusburg im Jahr 1763 zudem Reparationszahlungen an Preußen verkraften.

In dieser Situation konzentrierten sich die Wettiner auf ihre engen Beziehungen zum Hause Wittelsbach. Kurprinz Friedrich Christian hatte sich und seine Familie schon 1760 am Münchner Hof seines Schwagers Maximilian III. Joseph von Bayern vor den Preußen in Sicherheit gebracht. Dort erteilte er dem Dresdner Hofmaler Bernardo Bellotto, den die Nachricht von der Bombardierung Dresdens im Juli 1760 in Wien erreichte, den Auftrag, für den bayrischen Kurfürsten drei Veduten von München zu malen, bevor er seine Rückreise in das zerstörte Dresden fortsetzen durfte. Der bayrische Kurfürst versprach seinem Schwager, Kurprinz Friedrich Christian, mit Rat und Tat beim Wiederaufbau Dresdens und des sächsisch-polnischen Territoriums beizustehen.

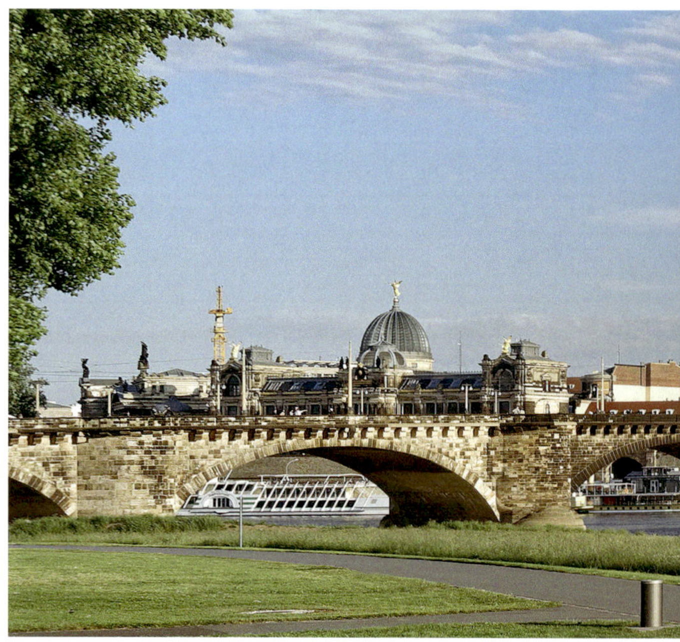

Hier nun beginnt die Geschichte: Auf Einladung der Kurfürstenwitwe Maria Antonia Walpurgis besuchte im August 1766 eine hochrangige Regierungsdelegation unter Leitung des bayrischen Hofarchitekten François de Cuvilliés Dresden. Die Protokolle dieser Besprechungen sind leider nicht erhalten. Jedenfalls erhielt Bernardo Bellotto von der Kurfürstenwitwe den Auftrag, ihren vornehmen Gästen Dresden von seiner schönsten Seite zu zeigen.

Lorenzo übersetzt seinen Vater, zunächst konsekutiv, dann simultan, wobei er sich bemüht, aus dem Schatten seines übermächtigen Vaters zu treten. Bernardo und

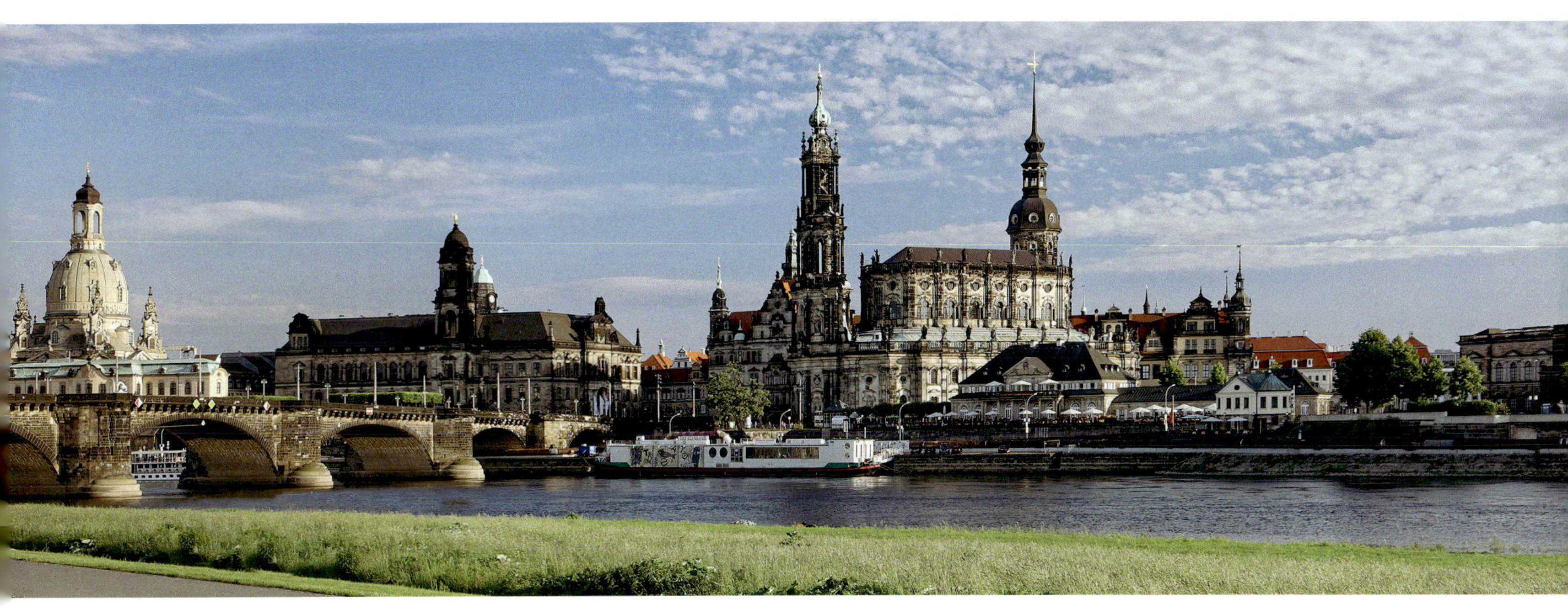

Lorenzo plaudern ganz locker, gewissermaßen aus dem Nähkästchen.

Ich habe die Gelegenheit genutzt, einige Persönlichkeiten aus dem Freundes- und Bekanntenkreis der Canalettos auf diesem Rundgang auftreten zu lassen: Hofkompositeur Johann Adolf Hasse, Johann Carl Caesar, Eigentümer des sogenannten Caesarschen Hauses, Friedrich August von Cosel und Superintendent Dr. Johann Joachim Gottlob Am Ende.

Raimund Herz

Dresden und die Elbe

EINFÜHRUNG IN DIE STÄDTEBAULICHE ENTWICKLUNG DRESDENS BIS MITTE DES 18. JAHRHUNDERTS

Anlässlich des 25-jährigen Bestehens des Vereins für Geschichte Dresdens am 10. Juni 1894 erschien in der Königlich Sächsischen Hofverlagsbuchhandlung eine CANALETTO-MAPPE mit 24 hochwertigen Lichtdrucken von Canalettos Radierungen seiner Ansichten von Dresden, Pirna und Königstein. Aus dieser zu Unrecht in Vergessenheit geratenen Festgabe seien im Folgenden Formulierungen des Dresdner Stadtarchivars Dr. Otto Richter wiedergegeben, in denen er die städtebauliche Entwicklung bis ins Augusteische Zeitalter beschreibt. Die darin genannten Wettiner sind mit ihren Herrschaftsdaten und -attributen auf Tausenden von Porzellankacheln auf dem Fürstenzug entlang der Augustusstraße abgebildet.

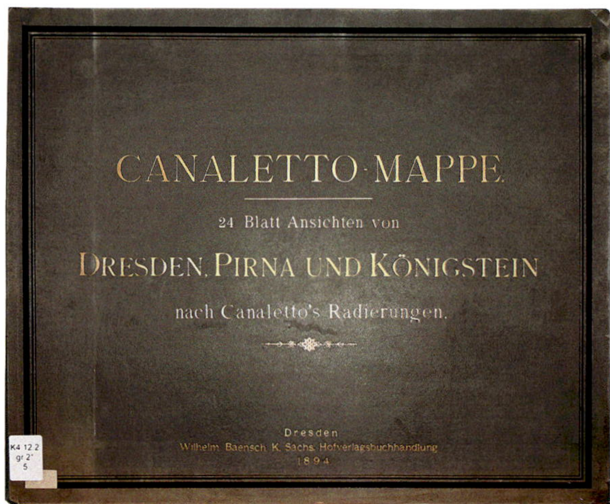

Einband der CANALETTO-MAPPE

Ich bitte die geneigten Leser zu entschuldigen, dass einige dieser authentischen Textstellen alles andere als politisch korrekt und die damalige Orthographie etwas gewöhnungsbedürftig sind.

[...] unsere Stadt [... ist ...] durch die Bauthätigkeit der beiden Kurfürsten und polnischen Könige August II. und III. [von Grund aus umgestaltet worden]. Die Werke, die sie schufen und anregten, sind noch heute bestimmend für das Stadtbild von aussen wie nach innen und werden auch von allem, was die Gegenwart noch plant, nicht in den Hintergrund gedrängt werden.

Die ersten Anläufe zur baulichen Verschönerung Dresdens liegen bereits in der Zeit Herzog Albrechts, der nach dem großen Stadtbrande von 1491 durch Gewährung von Baumaterial und Steuerfreiheit zur Aufführung steinerner Neubauten anstelle der damaligen Holz- und Fachwerkhäuser ermunterte. Sein Sohn Herzog Georg errichtete selbst ein hervorragendes Gebäude in dem neuen Thorhause am Schlosse, dem sogenannten Georgenschlosse. Den Umbau und die Vergrösserung des alten Residenzschlosses setzte dann Kurfürst Moritz unter Aufwendung bedeutender Mittel fort, bis endlich Christian I. das ganze Werk durch Anfügung des nach der Schlossstrasse zu gelegenen Flügels vollendete. Von dem äusseren Schmucke des Gebäudes und namentlich den zahlreichen Giebeln blieben bis auf unsere Zeit nur die Süd- und Westseite erhalten, während das übrige durch eine Feuersbrunst im Jahre 1701 und durch den 1718 ausgeführten Erneuerungsbau vernichtet wurde. Kurfürst August erbaute das Zeughaus, das in seiner reichen Ausstattung mit Kriegsmaterial lange Zeit eine Merkwürdigkeit von europäischem Rufe war, und legte die letzte Hand an die von Georg und Moritz errichteten neuen Festungswerke, förderte auch die Verbesserung der Strassen durch Herstellung von Pflaster und Schleussen. Zu einer glänzenden Leistung aber schwang sich das ausgehende 16. Jahrhundert noch in dem durch Christian I. aufgeführten prächtigen Stallgebäude mit dem Stallhofe auf. Die Nachfolger beschränkten sich auf das Ausgestalten des bisher Geschaffenen, ohne Neues in Angriff zu nehmen. Johann Georg I. liess den von seinem Vater begonnenen Bau des prunkvoll ausgestatteten Lusthauses auf der Jungfernbastei vollenden, das 1747 durch eine Pulverexplosion zerstört worden ist. Zugleich erhielt durch ihn der von Kurfürst August begründete und von seinen Nachfolgern erweiterte Jägerhof seinen Abschluss. Nach langer Unterbrechung aller Bauthätigkeit durch den dreissigjährigen Krieg kam es dann erst gegen Ende des 17. Jahrhunderts noch zu einer Schöpfung von hervorragendem Werthe, der Anlage des Großen Gartens und der Erbauung des Garten-Palais unter Johann Georg II.

So war für die Verschönerung unserer Stadt schon Bedeutendes geschehen, aber alles trat in den Schatten vor den Werken der nun beginnenden Glanzzeit unter August dem Starken. Dieser ebenso kunstsinnige wie prachtliebende Fürst war bestrebt, Dresden zu einer würdigen Bühne für die glänzende Rolle zu gestalten, die er zu spielen gedachte. Die für das Land unheilvolle Erwerbung der polnischen Königskrone hatte für die Hauptstadt einen ungeahnten Aufschwung im Gefolge. Wie einst Moritz seiner Rangerhöhung Rechnung getragen, so schuf August ganz Dresden zu einem Königssitze um, der den Vergleich mit der Stadt Ludwigs XIV. nicht zu scheuen brauchte.

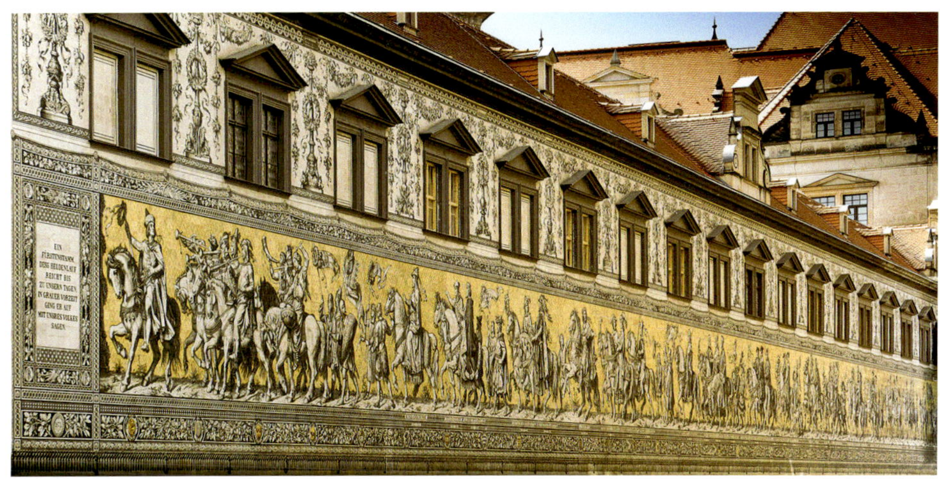

Fürstenzug in der Augustusstraße

Die grossartigen Entwürfe Augusts zum Bau eines neuen Königsschlosses auf dem jetzigen Theaterplatze, zu dem der Schlossbrand von 1701 den Anstoss gab, sind freilich nicht zur Ausführung gelangt, aber gleichzeitig und im Zusammenhang damit entstand ein Werk, einzig in seiner Art und

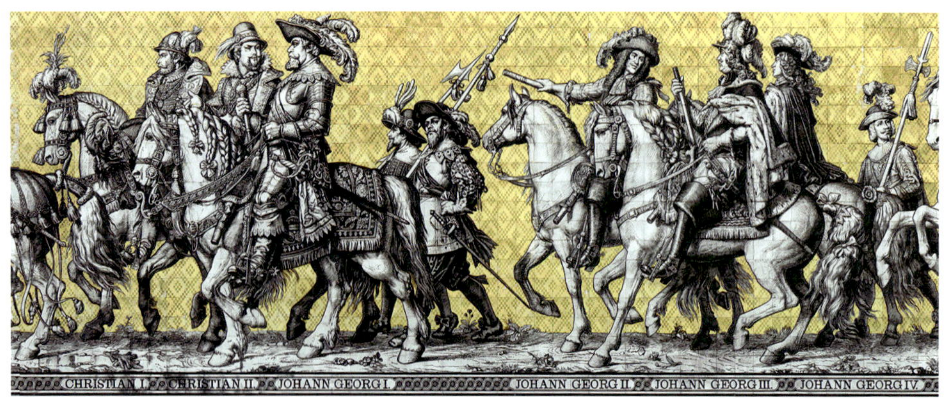

Christian I. und II. sowie Johann Georg I., II., III. und IV.

mit nichts in der Welt vergleichbar: der Zwinger. Zum Schauplatze für die rauschenden Feste des Hofes bestimmt, ist dieses Bauwerk ein künstlerisches Denkmal der phantastischen Sinnenlust jener Zeit, das noch heute den Ruhm seines grossen Erbauers Pöppelmann und des kunstverständigen königlichen Bauherrn verkündet.

Und neben diesem Meisterstück des Barockstils nahm der König zahlreiche andere grosse Bauten in Angriff: das Prinzen-Palais am Taschenberge, die stattliche Hauptwache auf dem Neumarkte wurde errichtet, der Grosse Garten wurde erweitert und verschönert, die Elbbrücke erneuert und verbreitert, endlich auf dem Boden des durch Brand zerstörten Städtchens Altendresden ein ganz neuer, grossartig angelegter Stadttheil geschaffen. Hier entstand in wenigen Jahrzehnten eine Reihe hervorragender Gebäude, die der Neustadt bis auf die jüngste Zeit das Gepräge gegeben haben: das mächtige Japanische Palais, die Ritterakademie, die grossen Kasernen, das Blockhaus, die Dreikönigskirche. Schliesslich wurde unter Augusts fördernden Einfluss auch noch das gewaltige Bauwerk begonnen, das mit seiner Majestätischen Kuppel dem Stadtbilde für alle Zeiten seine schönsten Linien gegeben hat: die Frauenkirche, George Bährs herrliche Schöpfung, der von Anfang an der Stolz und die Liebe der ganzen Bevölkerung zugewendet war. Diesem aus der eignen Kraft des Bürgerthums hervorgegangenen Gotteshause hat August des Starken Sohn und Nachfolger August III. ein andres gegenübergestellt, das dritte architektonische Prachtstück jener Epoche: die katholische Hofkirche. Aber von fremden Künstlern erbaut und mit fremdartigen Gestalten geschmückt, wird es dem Herzen des Dresdners immer fremd bleiben, so oft auch seine reizvollen Formen das Auge fesseln. In dieser Hofkirche hat sich die selbständige Bauthätigkeit Augusts III. schon fast erschöpft; nur einige Neubauten, wie die des Prinzen-Palais und des Zeughauses, sind noch durch ihn hervorgerufen worden. Dagegen hat dieser Fürst mit Eifer und Glück die Erweiterung und Vergrösserung der von seinem Vater ererbten Kunstsammlungen betrieben, denen unsere Stadt vielleicht mehr noch als der natürlichen Lage und den Werken der Baukunst ihren Weltruhm verdankt. Bedeutend war aber auch die Umgestaltung, die Dresden damals an städtischen und Privathäusern erfuhr. In beiden Stadttheilen entstanden neue Rathhäuser, die Adelsfamilien liessen sich prächtige Stadtwohnungen erbauen und die vermögende Bürgerschaft eiferte ihnen nach. Diese Adelspaläste mit ihren einfachen aber edlen Fassaden, ihren luftigen Treppenhäusern, ihren lichten Höfen und schönen Brunnenanlagen, diese Bürgerhäuser mit ihren zierlichen Erkern und ihrem wohlvertheilten massvollen Schmuckwerk sind noch heute zahlreich erhalten und geben Zeugniss von dem alle Kreise durchdringenden feinen Geschmacke der Barock- und Roccocozeit.

Und welch ein Bild bunten Lebens und Treibens erfüllte diesen Rahmen! Hat sich doch die Bevölkerung Dresdens in den ersten fünfzig Jahren des vorigen Jahrhunderts auf das Dreifache gesteigert, waren doch bei einem Besuche, den August der Starke 1732 den Bauten in der Neustadt abstattete, dort allein gegen 2000 Künstler und Arbeiter in Thätigkeit. Eine geschäftige Menge drängte sich in den Strassen, und durch sie hindurch bahnten sich die Lastfuhrwerke mit Baumaterial und Waren, die Reisewagen der herbeiströmenden Fremden, die Portechaisen der Vornehmen ihren Weg, während den Karossen des hohen Adels und den sechsspännigen Staatskutschen des Hofes mit ihren Vorreitern und Läufern alles grüssend Platz machte. Ging es bei der Abwesenheit des königlichen Hofes in Polen hier etwas stiller zu, so ward es bei seiner Rückkehr umso lebendiger in der Stadt. Züge von Kameelen und Maulthieren mit Mohren und anderem fremden Volke brachte der Hofstaat mit sich; Kavaliere aus allen Ländern Europas kamen herbei, um die Freuden eines glänzenden Hoflebens mitzugeniessen. Zu jedem Karneval, bei jedem fürstlichen Besuche, bei jeder Verlobung, jeder Vermählung, jeder Kindtaufe am Hofe veranstaltete der König wochenlang dauernde Festlichkeiten, und diese spielten sich nicht bloss im Schlosse ab, sondern die Maskenfeste und Wirthschaften wurden öffentlich im Zwinger, im Stallhofe, auf dem Altmarkte abgehalten, die Aufzüge zu den Ringrennen, die Schlittenfahrten mit all ihrem bunten Aufputz bewegten sich durch die Strassen der Stadt, und auch in nächtlicher Stunde fand die Schaulust des Volkes in Illuminationen und Feuerwerken Befriedigung. Dazu die Paraden eines zahlreichen prächtig uniformierten Militärs, die häufigen Festaufzüge der bei dem herrschenden Luxus blühenden Handwerker, die Schaustellungen des herbeiströmenden Volkes der Komödianten, Klopffechter, Seiltänzer, Gaukler und Bärenführer – kurz, es war ein Leben, wie es nur der leichte Sinn jenes genussfreudigen Geschlechts hervorzubringen vermochte, wie es aber auch vor dem kalten Windhauch ernster Ereignisse sofort verschwinden musste.

In diese kunst- und lebensfrohe Welt stellt die Mehrzahl der hier dargebotenen Blätter uns hinein. Etwas Neues ist es nicht, was sie bringen, im Gegenteil, unsre Stadt hat keine bildlichen Darstellungen aus ihrer Vergangenheit aufzu-

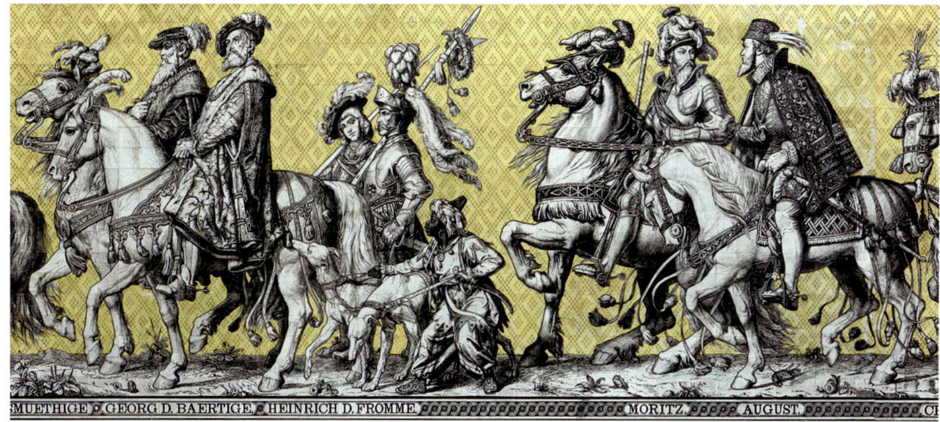

Georg der Bärtige, Heinrich der Fromme, Moritz, August

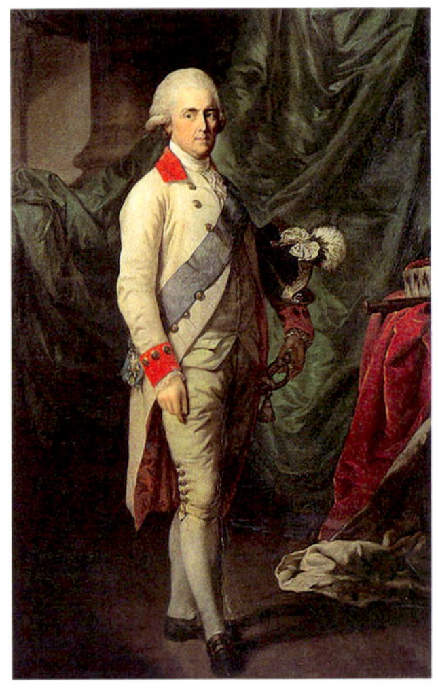

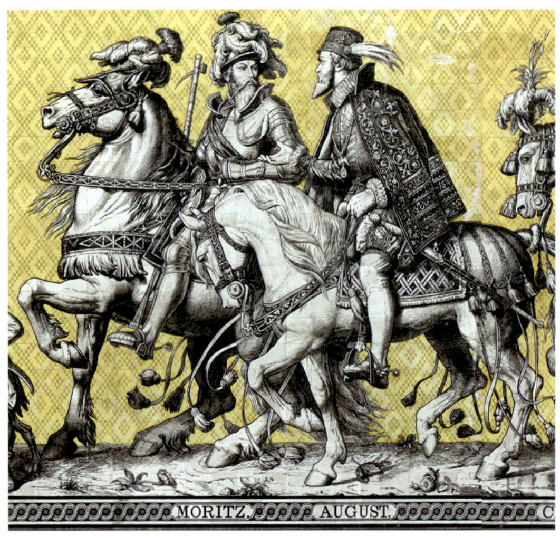

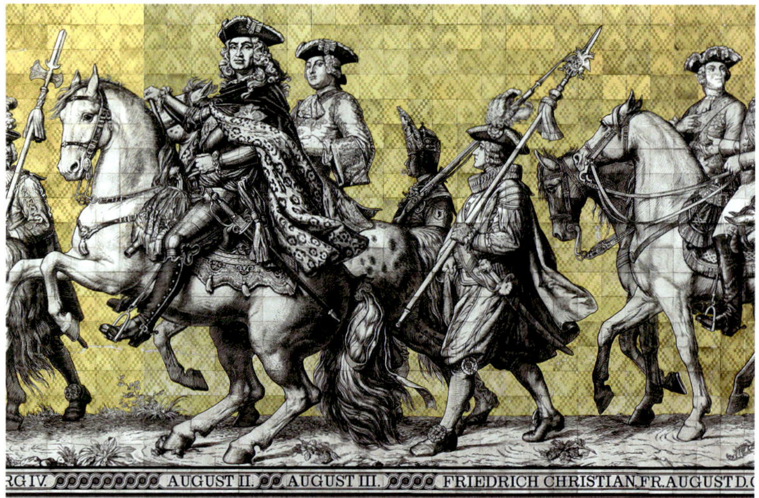

Anton Graff, 1795: Porträt von Friedrich August III.

Moritz und August

August II., III., Friedrich Christian und Friedrich August der Gerechte

weisen, die so altbekannt, aber freilich auch keine, die so schön und inhaltreich wären wie die Gemälde Canalettos. Länger als ein Jahrhundert schon sind sie die Freude der heimischen Kunstkenner und Geschichtsfreunde gewesen, und nachdem man neuerdings eine verkehrsreiche Strasse dem Künstler zu Ehren benannt hat, ist sein Name auch noch volkstümlich geworden. Und er verdient es: was er geschaffen hat, wird nie veralten und immer neuen Geschlechtern Genuss und Anregung bieten.

Von dem Lebensgange und der Thätigkeit Canalettos sind – bis dato – *nur dürftige Nachrichten auf uns gekommen: Julius Meyer hat sie in einem vortrefflichen Aufsatze seines Künstlerlexikons (3. Band, Leipzig 1885), dem wir hier im Wesentlichen folgen, zusammengestellt.*

Bernardo Belotto war am 30. Januar 1720 [korrekt am 20. Mai 1722] *zu Venedig geboren. Ein Neffe und Schüler des schon bei seinen Lebzeiten berühmten venezianischen Architekturmalers Antonio Canal, genannt Canaletto, dessen Beiname auf ihn überging, wandelte er anfangs ganz in dessen Bahnen, hat sich aber später zu selbständiger Meisterschaft emporgeschwungen. Nach Beendigung seiner Lehrzeit in Venedig begab er sich um 1740 zu weiterer Ausbildung im Architekturzeichnen einige Jahre nach Rom und arbeitete dann in verschiedenen Städten Oberitaliens; aus dieser Zeit sind von ihm mehrere Gemälde vorwiegend landschaftlichen Charakters in Turin und Mailand erhalten. Hierauf verliess er auf immer sein Vaterland und siedelte nach Deutschland über. Um 1745 scheint er sich zu-*

nächst in München aufgehalten zu haben; darauf deutet eine in der dortigen Pinakothek vorhandene grosse Ansicht dieser Stadt hin. [korrekt: Canaletto malt München erst 1761.]

Seit 1747 finden wir den Künstler in Dresden. Wahrscheinlich hatte ihn hierher nicht der König, sondern dessen Minister und Günstling Graf Brühl berufen. Für dessen neuerbautes Palais malte er in den Jahren 1747 bis 1755 21 grosse Bilder mit Ansichten von Dresden und Pirna. Bei Brühls Tode 1763 war aber noch kein einziges bezahlt; sie wurden vom Hofe angekauft und dem Künstler dafür ein Honorar von 4200 Thalern, durchschnittlich also 200 Thaler für das Bild, bewilligt. Daneben war Canaletto jedoch auch unmittelbar von König August III. beschäftigt worden und führte schon 1748 den Titel eines Hofmalers; fünf von den in der königlichen Galerie befindlichen Bildern und Ansichten von Dresden wurden 1751 von ihm unmittelbar dahin geliefert.

Im Jahr 1758 wurde er vom kaiserlichen Hofe nach Wien berufen, um dort Ansichten von der Stadt und den kaiserlichen Schlössern zu malen; 13 von diesen Gemälden sind noch in den Wiener Museen vorhanden. Dann scheint er, bevor er nach Dresden zurückkehrte, im Auftrage des Königs etwa zwei Jahre in Warschau gearbeitet zu haben [korrekt: 1 Jahr in München]. *1764 wurde er mit einem Jahresgehalte von 600 Thalern als Lehrer der Perspektive an der neu eröffneten Dresdner Akademie der Künste angestellt; da er der deutschen Sprache ganz unkundig war, bediente er sich beim Unterrichte der Hilfe seines Sohnes. Der Künstler befand sich hier in fortwährender Geldnoth und erhielt deshalb 1765 eine Gratifikation von 200 Thalern gewährt, wurde aber dabei auch an seine Verpflichtung zu unentgeltlicher Ablieferung eines Gemäldes erinnert; als solches ward die Ansicht des eingestürzten Kreuzthurms übernommen.*

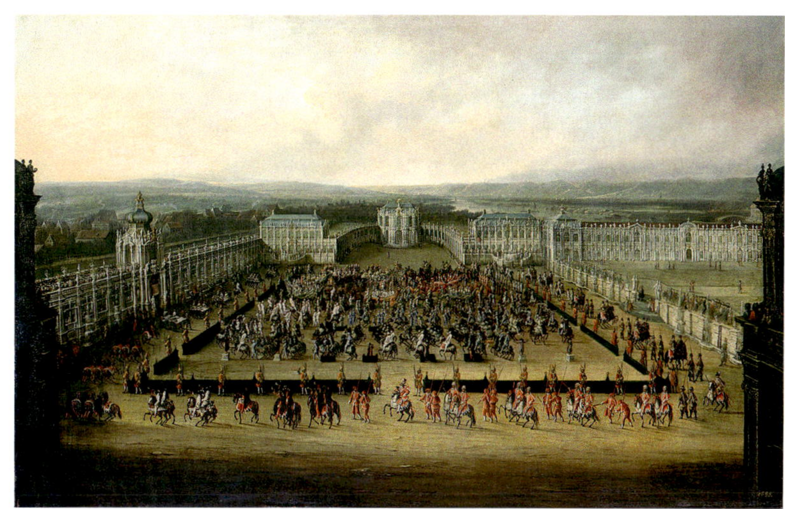

Johann Alexander Thiele, 1722: Caroussel Comique Rennen im Zwinger

Da er seiner Schulden wegen den Wunsch hatte, seine Kunst anderwärts reichlicher zu verwerthen, wurde ihm Ende 1766 ein Urlaub nach St. Petersburg bewilligt. Er ging nach Warschau und erhielt auf erneutes Bitten den Urlaub mit Gehalt bis Ende 1767 verlängert, 1768 aber wurde ihm seine Entlassung zugestellt. (Vergl. M. Wiessner, die Akademie der bildenden Künste. Dresden 1864). Nun blieb er in Warschau als Hofmaler des Königs Stanislaus II. August und hat dort neben zahlreichen Architekturbildern auch das zur gräflich Raczynskischen Sammlung in der Nationalgalerie zu Berlin gehörige grosse Gemälde von der Wahl des Königs Stanislaus geschaffen, das auf der rechten Seite unter vielen Portraits auch den Künstler selbst, in rother Kleidung, darstellt. In Warschau ist er am 17. Oktober 1780 gestorben. – Außer den genannten befinden sich noch viele Gemälde und Federzeichnungen von seiner Hand in verschiedenen Galerien und Privatsammlungen, so in Darmstadt, Frankfurt a. M., Schwerin, St. Petersburg, Brüssel, im Haag, und zwar meist venezianische Ansichten, in der Sammlung Liechtenstein zu Wien aber auch zwei kleinere Ansichten von Pirna und Königstein.

Canalettos Werke weisen ihm einen Platz unter den besten Architekturmalern aller Zeiten an. J. Meyer rühmt an ihnen die „Sorgfalt der Ausführung, die frei von aller Peinlichkeit ist und vielmehr die grössten Schwierigkeiten spielend zu überwinden scheint; daher bei liebevoller Vollendung eine Breite der Behandlung, eine Leichtigkeit der Hand, die den befreienden Eindruck eines ganz mühelosen Schaffens macht; dazu endlich ein Gefühl für Gesammtwirkung, welches alles Kleinste nicht sowohl unterordnet als zur Fülle und Lebendigkeit des Ganzen mitsprechen lässt, indem es die naive Freude an der köstlichen Sauberkeit des Details offen bekennt". Meyer sagt weiter: „Für die malerische Behandlung der architektonischen Formen und Linien lässt sich eine geeignetere Art kaum denken. Man hat behauptet, dass Belotto sich der Camera obscura bediente, um in seine architektonischen Veduten jene Klarheit und Sicherheit, sowie jene Richtigkeit der Perspektive zu bringen, welche in der That der Bestimmtheit der Photographie nichts nachgiebt. Dem mag so sein; allein nur ein malerisch angelegtes Auge war im Stande, dieses in festen Linien gezeichnete Bild in Bewegung und Fluss zu bringen, gleichsam den flüchtigen und doch vollen überzeugenden Schein des Lebens darüber auszubreiten. Dazu bedurfte es der Künstlernatur, die über eine vollständig geübte Hand mit Freiheit verfügte. In beiden vereinigt aber, der exakten Bestimmtheit des Bildes und dem Schein freien Lebens, besteht der ganz eigentümliche Reiz der Gemälde Belottos. Hierzu wirkt nun ganz die besondere Art mit, wie er alle Dinge, alle Form und Gestalt in ein bestimmtes Medium von Licht und Luft setzt. Mit sicherem Gefühl wählt er durchgängig eine Beleuchtung, welche das reizvolle Spiel des architektonischen Details zu voller Wirkung und zugleich durch einfache breite Licht- und Schattenmassen das Ganze in grossen gegliederten Formen zu harmonischer Erscheinung bringt. Es ist ein scharfes Licht, oft volles Sonnenlicht mit starken Schlagschatten, in das er seine Architekturen setzt, ein Licht, wie es der Norden in heiteren Apriltagen bei kühlem Ostwind oder der geklärte Himmel nach derben Regengüssen zeigt. […] Allerdings erhält durch dieses kühle scharfe Licht die Farbenwirkung eine gewisse Härte, es fehlt ihr zumeist der Reiz der überleitenden Töne eines zarten, die Gegensätze mildernden Helldunkels.[…] aber es ist erforderlich, um die köstliche Durchbildung der Detailformen zu der Gesammtwirkung noch deutlich mitklingen zu lassen, die kleinsten, mit reizender Sauberkeit gezogenen Profile nicht zu einem ungewissen Helldunkel oder in einem malerischen Ungefähr aufzulösen, sondern dem Ganzen als ein wesentlich mitsprechendes Glied einzufügen. Ein solches Licht aber verlangt eine ganz reine klare

Luft, in der alle Umrisse fest und sicher bestehen, alle Gliederungen sich abzeichnen. Weil in einem solchen Medium die Konture nicht verschwimmen, kein Objekt in unklare oder nebelige Ferne zurücktritt, hat man dem Künstler die Luftperspektive absprechen wollen: sehr mit Unrecht, wie jedes Auge sieht, das unbefangen in seine Bilder eingeht. Es lässt sich darin mit Behagen und voller Sicherheit, seinen Weg zu finden, „spazieren gehen"; es zieht den Beschauer förmlich hinein, umherzuwandeln unter der engen Halle des Stadthauses, auf den Marktplätzen, in den fern und abseits gelegenen Gässchen; und die verschiedenen Kirchthürme erheben sich hinter- und nacheinander mit so zierlicher Bestimmtheit in die blaue Luft, dass sich ihr Entfernungen und Abstände mit mathematischer Sicherheit berechnen lassen. Und so bewegt sich auch die Staffage, auf welche sich Belotto trefflich versteht und die er mit Vorliebe in bunter Menge, ein rühriges, fröhliches Völkchen, anbringt, bald im vollen Sonnenlichte, bald in den tiefen Schlagschatten, auf Strassen und Plätzen, jeder an seiner richtigen Stelle, in der Nähe und Ferne, ohne einander umzurennen oder sich im Wege zu stehen".

In unserer königlichen Galerie befinden sich von Canaletto in Gänze 37 Oelgemälde, darunter 18 Ansichten von Dresden und 11 von Pirna mit dem Sonnenstein, erstere in den Jahren 1747 bis 1766, letztere zwischen 1752 und 1755 gemalt. Sie bergen einen wahren Schatz geschichtlicher Erinnerungen aus unsrer vaterländischen Vorzeit in sich. Zumal Dresden darf sich glücklich schätzen, gerade aus den Tagen seines grössten äusseren Glanzes so prächtige, in allen Einzelheiten genaue Darstellung seiner hervorragendsten Oertlichkeiten und Bauten, sowie seines Strassenlebens zu besitzen.

Man kann diese Gemälde als eine von Künstlerhand geschriebene Schilderung Dresdens im Zeitalter der beiden Könige August II. und III. bezeichnen. Was der leichtlebige, aber mit hohem Kunnstsinn begabte August der Starke und sein Sohn theils selbstschaffend, theils anregend für die Verschönerung unserer Stadt gethan, das taucht hier in seiner ganzen Pracht vor uns auf. Aber es fehlen auch nicht die Zeugen der unheilvollen Folgen, die zuletzt mit der mehr auf Macht und Prunk als auf das Wohl des Volks bedachten Herrschaft dieser Fürsten verknüpft waren: die Trümmer der Kreuzkirche und der Vorstädte, Bild des Kriegselends und der Verarmung.

Canaletto ist jedoch nicht nur als Maler, sondern in bedeutendem Umfange auch als Radierer thätig gewesen. Von seinen Dresdner Ansichten hat er 15, von den Pirnaischen 6 in Kupfer geäzt. Ansonsten gibt es von ihm eine radierte Darstellung der Ruinen der Pirnaischen Vorstadt, nach deren Niederbrennung in den Jahren 1758 und 1759 nach einem im Besitz des Prinzen Xaver befindlich gewesenen Oelgemälde, dessen jetziger Verbleib nicht bekannt ist [korrekt: Musée de Troyes], *und zwei radierte Ansichten von Königstein zu deren einer wohl das erwähnte Bild in Wien das Original zu betrachten ist. Die Kupferplatten dieser sächsischen Ansichten gingen um die Mitte unseres Jahrhunderts aus dem Besitze des königlichen Kupferstichkabinets in den eines Berliner Kunsthändlers über, der neue Abzüge davon anfertigte; nur von den beiden die Kreuzkirche und die Frauenkirche darstellenden Hochblättern giebt es keine solchen*

Ende des Fürstenzuges von 1876 auf Meißner Kacheln

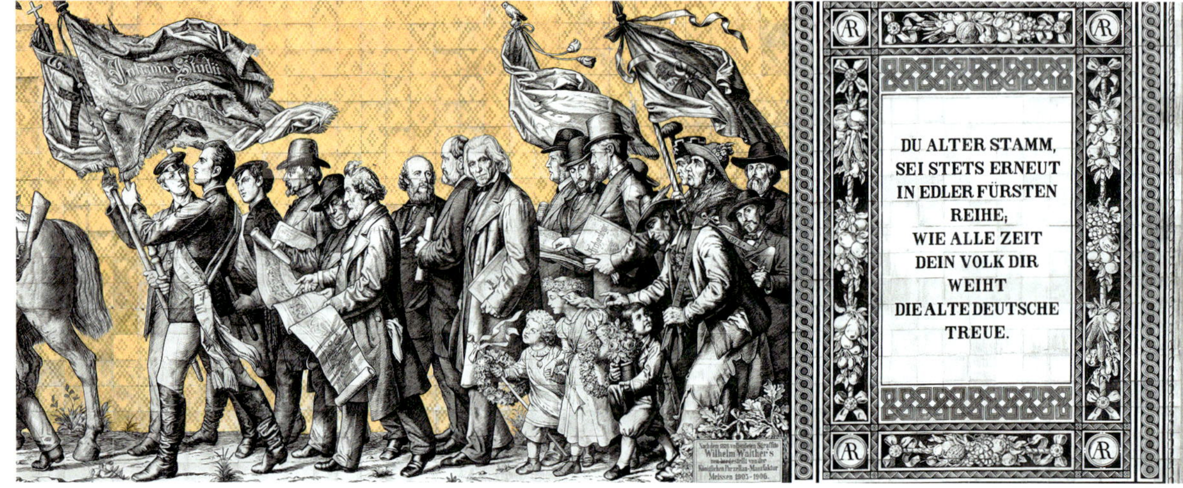

neuen Abzüge. Eine genau Beschreibung der Canalettoschen Radierungen mit allen Abdrucksverschiedenheiten giebt Rudolph Meyer in seiner Schrift: Die beiden Canaletto (Dresden 1878).

Mit flotter und sichrer Hand in der Art von Federzeichnungen ausgeführt, spiegeln diese Radierungen, die nur in unwesentlichen Einzelheiten, namentlich der Staffage, von den Oelgemälden abweichen, die dargestellten Oertlichkeiten malerisch und wirkungsvoll wieder. Ihr geschichtlicher Werth, ihre Schönheit und die grosse Seltenheit einiger von ihnen lassen die gegenwärtige Vervielfältigung gewiss als einen Gewinn erscheinen. Unsere Sammlung giebt diese 24 Blatt Radierungen, von denen die meisten in sehr grossem Massstabe gehalten sind, auf halbe Grösse der Gegenstände verkleinert wieder. Ihre Nummernfolge entspricht einem Gange von Neustadt-Dresden über die Augustusbrücke, durch den Zwinger hinaus auf die Ostra-Allee, zum Wilsdruffer Thore herein nach dem Altmarkte, von da herüber nach dem Neumarkte, in die Pirnaische Vorstadt und endlich hinaus nach Pirna und Königstein.

In der FESTGABE DES VEREINS FÜR GESCHICHTE DRESDENS folgt eine detaillierte Beschreibung der 24 Radierungen von Bellotto. Es sind dies namentlich folgende Radierungen:

DRESDEN NACH DEM SIEBENJÄHRIGEN KRIEG

Mit dem Friedensvertrag von Hubertusburg hatten König Friedrich II. von Preußen und Kaiserin Maria Theresia von Österreich am 15. Februar 1763 den Krieg beendet, den Friedrich II. mit seinem Einmarsch in Sachsen am 29. August 1756 begonnen hatte. Kurfürst Friedrich August II. von Sachsen, als König von Polen August III. und sein Premierminister Heinrich Graf von Brühl verfolgten die Friedensverhandlungen zwischen Preußen und Österreich aus der Warschauer Residenz, wohin sich der Dresdner Hof im Dezember 1756 zurückgezogen hatte. Der designierte sächsische Thronfolger Friedrich Christian bemühte sich, die Interessen des kriegsverwüsteten Sachsen in die Friedensverhandlungen einzubringen. Das Ergebnis war jedoch für Sachsen eher eine bedingungslose als eine ehrenvolle Kapitulation. Sachsens Niederlage wurde vertraglich besiegelt. Das glänzende „Augusteische Zeitalter" Sachsens war zu Ende gegangen.

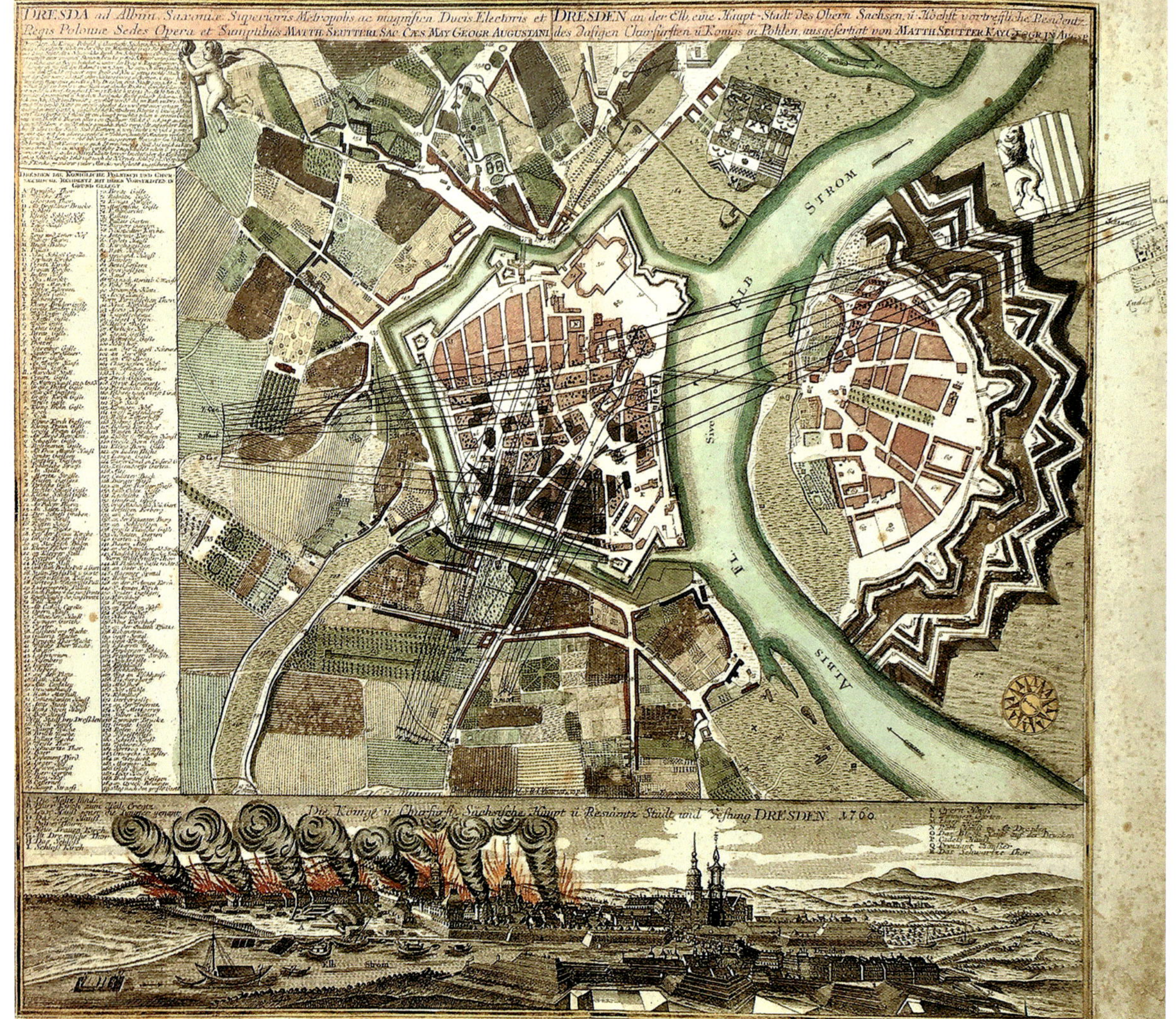

Im Oktober 1763 starben August III. und Graf Brühl, und der junge hoffnungsvolle Thronfolger Friedrich Christian wurde, nach einer Regentschaft von nur zweieinhalb Monaten, ein Opfer der Blattern. Er hatte sich mit dem heimtückischen Pocken-Virus infiziert, und hätte zweifellos Sachsen von einer absolutistischen in eine aufgeklärte Monarchie transformiert. Friedrich Christian hatte im Siebenjährigen Krieg bis Ende 1759 in dem von Preußen besetzten Dresden die Stellung gehalten. Als der preußische Stadtkommandant die Pirnaische Vorstadt abbrennen ließ, um vor dem Pirnaischen Tor freies Schussfeld zu schaffen für die Verteidigung Dresdens gegen die anrückenden österreichischen Truppen, brachte der designierte Thronfolger sich und seine Familie bei seinen wittelsbacher Verwandten in der Münchner Residenz in Sicherheit. Dort hatte er sich auf die Übernahme der Regierungsgeschäfte nach dem Kriege vorbereitet. Er wollte die zurückliegende Ära Brühl gründlich reformieren. Doch nach seiner allzu kurzen Regierungszeit musste sein Bruder Prinz Xaver, als Prinzadministrator, die Regierungsgeschäfte übernehmen, bis der junge Kronprinz 1768 als Friedrich August III. Kurfürst von Sachsen selbst zu regieren begann.

Im Sommer 1766 waren die Nachwirkungen des Krieges noch überall spürbar: In der östlichen Altstadt gab es seit der Bombardierung Dresdens durch die Preußen im Juli 1760 immer noch zahlreiche Ruinen. Infolge der hohen Reparationszahlungen an Preußen konnten Reformen und Investitionen nur in bescheidenem Rahmen durchgeführt werden. Die Hoffnung auf Einnahmen aus dem Erbe von Premierminister Brühl, der wegen Korruption und Bereicherung auf Staatskosten angeklagt war, erwies sich als trügerisch. In dieser Situation hatte die Kurfürstenwitwe Maria Antonia Walpurgis, Vormund ihres Sohnes Friedrich August, eine Delegation vom wittelsbacher Hof ihres Bruders Maximilian III. Joseph von Bayern eingeladen, die im Sommer 1766 in Dresden eintraf. Sie wurde angeführt von dem kurfürstlich-bayrischen Oberhofbaumeister François de Cuvilliés dem Älteren, der schon 1761 im Auftrag des damaligen Thronfolgers Friedrich Christian einen Plan für die künftige städtebauliche Entwicklung Dresdens ausgearbeitet hatte. Die Kurfürstenwitwe bat ihren vormaligen Hofmaler Bernardo Bellotto, dieser hochrangigen Delegation Dresden von seiner schönsten Seite zu zeigen. Bellotto kam dieser Bitte sehr gern nach, zumal er 1761 am Münchner Hof weilte und, im Auftrag des Thronfolgerpaares, drei Veduten für den Thronsaal des bayrischen Kurfürsten gemalt hatte. Zudem war die Kurfürstin seine Mäzenin, aus deren Privatschatulle er ein stattliches Gehalt bezog.

Bellotto war 1764 in die neue kurfürstliche Kunstakademie aufgenommen worden, wenn auch nur als Dozent für perspektivisches Zeichnen in der Vorklasse für Architekten und Maler, mit einem auf drei Jahre befristeten Lehrauftrag, der zum Jahresende 1766 auslief. Er hatte sich damit abgefunden, dass er an der Dresdner Akademie entbehrlich war, und spielte mit dem Gedanken, der Zarin Katharina II. seine Dienste in St. Petersburg anzubieten. Katharina die Große schätzte seine Veduten sehr und war im Begriff, die Brühl'sche Gemäldesammlung mit zahlreichen Repliken Bellottos als ein Grundstock für die Eremitage zu erwerben.

Matthäus Seutter, um 1755
„Dresda ad Albim. Dresden an der Elbe, eine Haupt-Stadt des Oberen Sachsen, u. Höchst vortreffliche Residentz des dasigen Churfürsten und Königs in Pohlen" mit handschriftlichen Eintragungen zur Beschießung Dresdens im Juni 1760

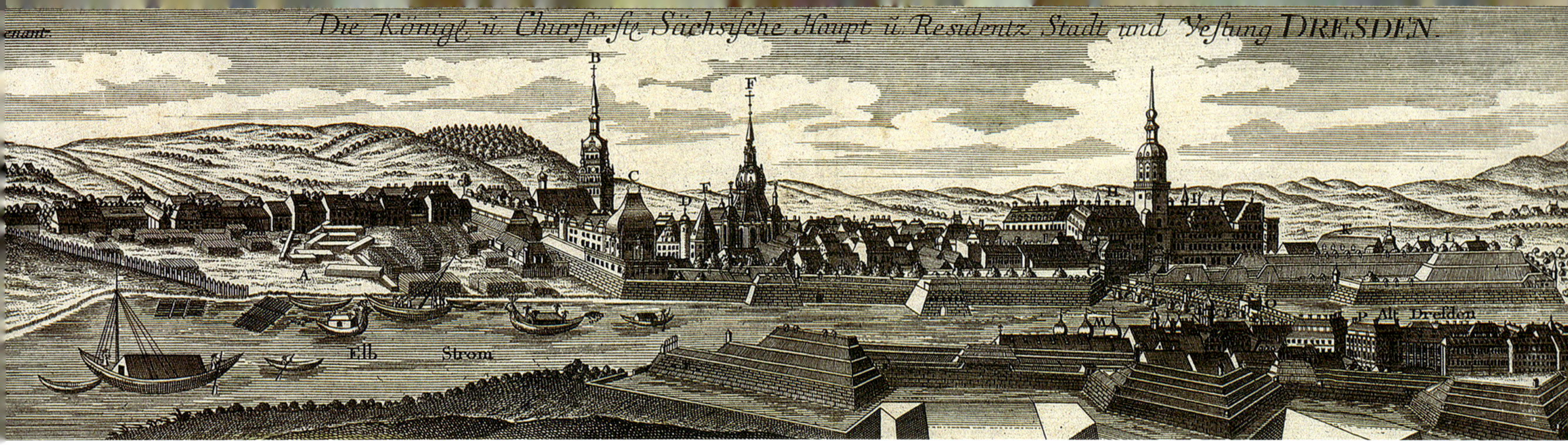

Matthäus Seutter, um 1755 (Ausschnitt)

DRESDEN VOR DEM SIEBENJÄHRIGEN KRIEG

Unter der Regentschaft von Kurfürst Friedrich August I., als König von Polen August II., genannt der Starke und der seines Sohnes Augusts III. erreichten die Wettiner den Höhepunkt ihrer Pracht- und Machtentfaltung. Die Regierungszeiten der beiden werden goldenes Augusteisches Zeitalter genannt. Der Sohn August des Starken überließ seinem Premierminister Graf Brühl weitestgehend die Regierungsgeschäfte und widmete sich vor allem den schönen Künsten und der Erweiterung der Kunstsammlungen im Dresdner Residenzschloss.

Besonders eng waren die kulturellen Verbindungen zu Italien und Venedig. Die sächsischen Kurprinzen genossen im Rahmen ihrer *Grand Tour* längere Aufenthalte in der *Serenissima* und entwickelten sich zu Kennern der italienischen Kulturgeschichte. Sie bestimmten das Kulturleben in Dresden und ernannten viele italienische Künstler zu Hofmusikern, -malern, -bildhauern, -architekten und Direktoren ihrer wertvollen Sammlungen. Dresden war Elb-Florenz, Venedig an der Elbe, das Venedig des Nordens.
Diesen Ruf verdankt Dresden der Community ihrer italienischen Künstler.

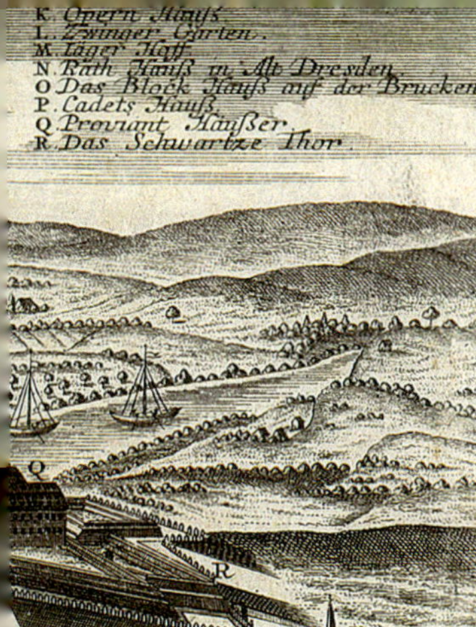

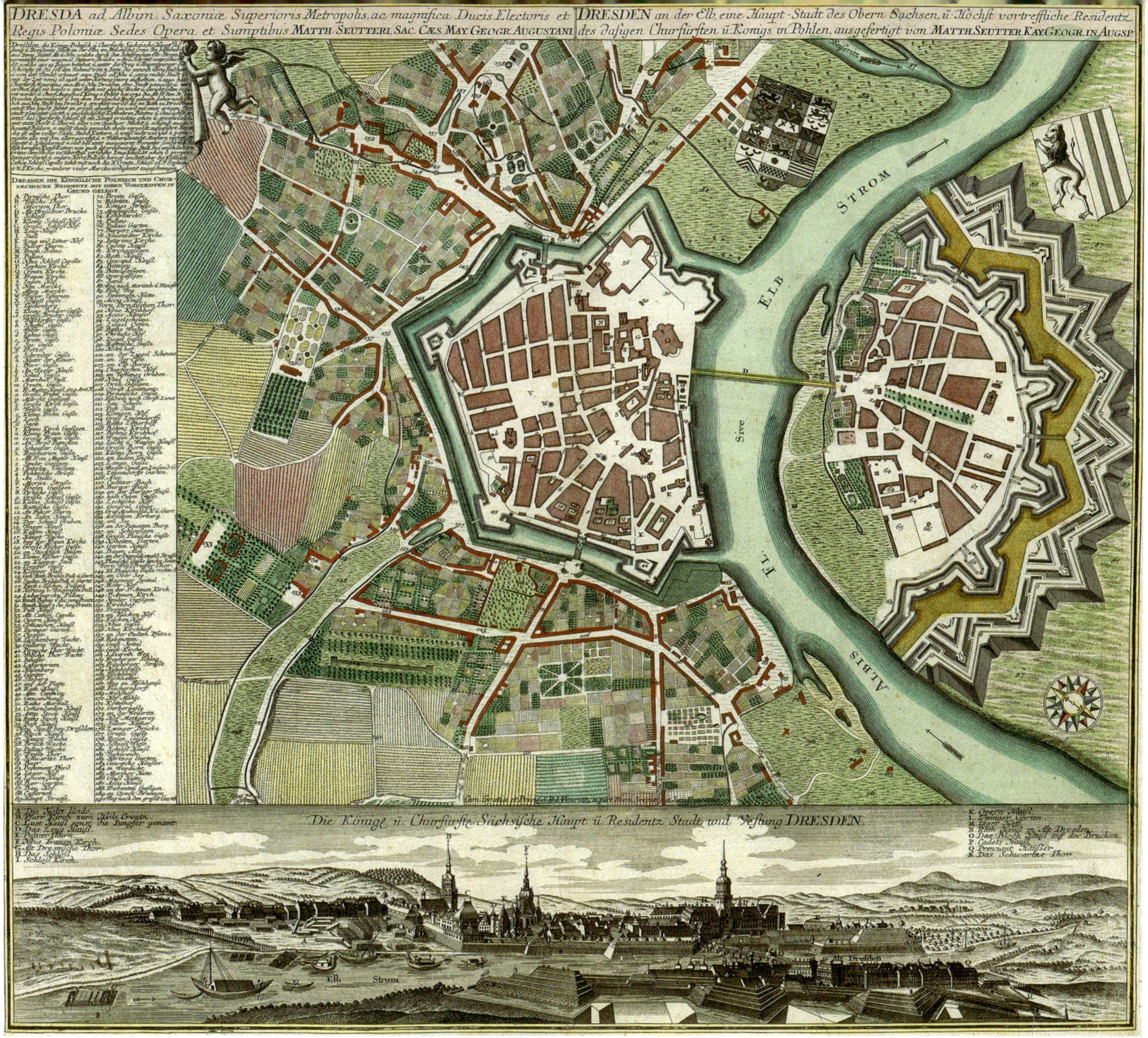

Matthäus Seutter, um 1755: Kupferstich, koloriert, 55 x 46 cm

„Dresda ad Albim. Dresden an der Elbe, eine Haupt-Stadt des Oberen Sachsen, u. Höchst vortreffliche Residentz des dasigen Churfürsten und Königs in Pohlen"

BIOGRAPHISCHES ZU BERNARDO BELLOTTO DETTO CANALETTO

Bernardo Bellotto (1722–1780) nannte sich Canaletto, wie sein Onkel und Lehrmeister Antonio Canal. Im Jahr 1747 wurde er von König August III. aus Venedig angeworben und in Dresden im folgenden Jahr zum kurfürstlich-königlichen Hofmaler ernannt.

In dieser Funktion malte er in den Jahren 1747–52 insgesamt 14 großformatige Veduten von Dresden. Im gleichen Format lieferte er 13 Dresdner Repliken an Premierminister Graf Brühl. Es folgten 12 Veduten von Pirna und vier der Festung Königstein sowie neun Repliken für Premierminister Graf Brühl. Während des Siebenjährigen Krieges setzte er sich Ende 1759 mit seinem Sohn Lorenzo aus Dresden ab und malte zwei Jahre in Wien und ein Jahr in München, bevor er 1762 in das kriegszerstörte Dresden zu seiner Familie zurückkehrte. Nach dem Tod seiner Mäzene August III., Graf Brühl und Friedrich Christian wurde dessen Witwe, Maria Antonia Walpurgis aus dem Hause Wittelsbach, 1763 seine Mäzenin.

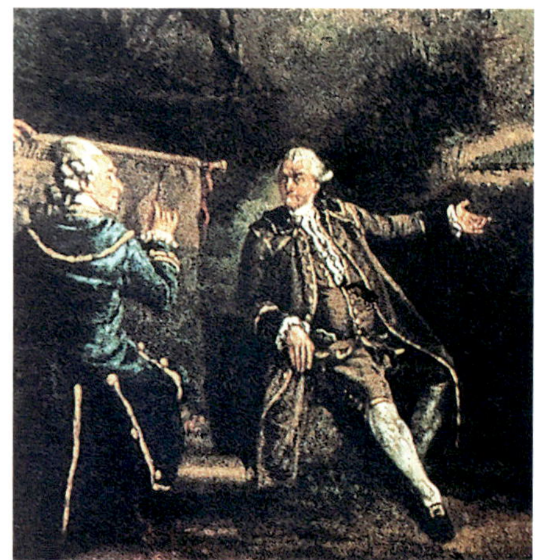

Ausschnitt aus der Gesamtansicht von Warschau mit der Weichsel von der Vorstadt Praga aus, 1770, mit Lorenzo (links) und Bernardo Bellotto (rechts)

In Dresden schuf Canaletto noch vier weitere großformatige Veduten und zahlreiche Idealveduten, Radierungen und Repliken. Auf seinen Veduten stellt Canalotto sich gelegentlich selbst als Staffagefigur dar, so – kurz vor seinem Wegzug von Dresden – als venezianischer Edelmann mit seinem Diener Checco und einem Geistlichen im nebenstehenden Architekturcapriccio. Auf dem Cartellino an der Säule ist ein Zitat von Horaz zu lesen: „Malern und Dichtern war es stets erlaubt zu wagen was immer beliebt.“ Anfang 1767 zog er nach Warschau an den Hof des polnischen Königs Stanislaus II. August Poniatkowski. Dort wirkte er bis zu seinem Tod im Oktober 1780 als Hofmaler. Auf der großartigen Vedute von „Warschau mit der Weichsel von der Vorstadt Praga aus“ hat sich Canaletto mit seinem Sohn Lorenzo dargestellt: sich mit der Grandezza des Arrivierten, seinen Sohn vor der Leinwand in dessen letztem Lebensjahr 1770.

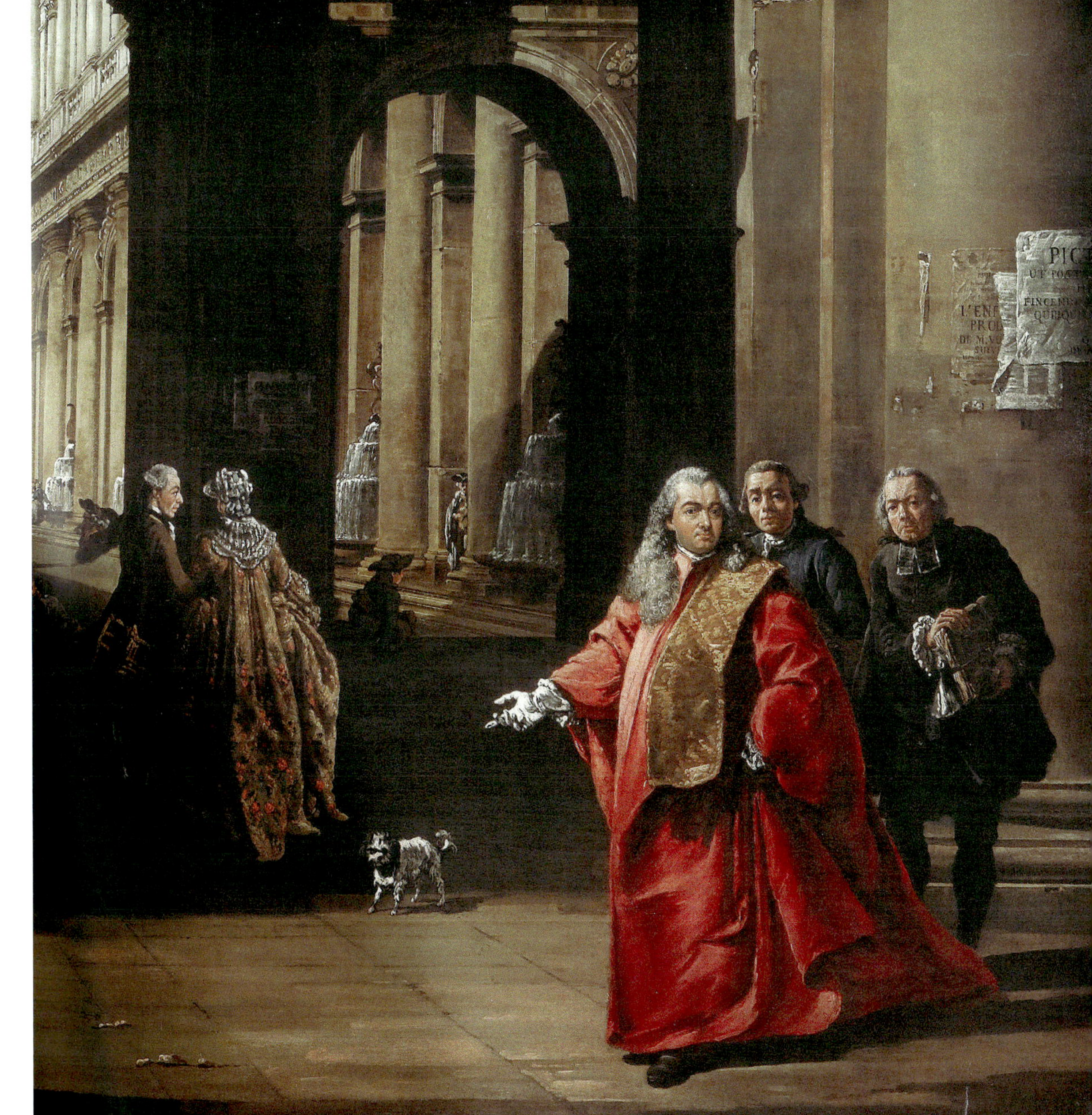

Ausschnitt aus Architekturcapriccio mit Selbstbildnis im Kostüm eines venezianischen Edelmannes, 1765 mit Bellotto im Kostüm eines venezianischen Edelmanns in der Finanzverwaltung

BEGRÜSSUNG DER DELEGATION AUS MÜNCHEN DURCH BERNARDO BELLOTTO DETTO CANALETTO

Eccellenze, miei onorévoli signore e signori, nobilissimi visitatori da Monaco, München! Vi porgo il mio più caloroso benvenuto per una passeggiata di visita, attraverso de questa meravigliosa città. La nostra generosa benefattrice Maria Antonia, vedova dell elettore Sassonico Federico Christiano, e madre del principe ereditario Federico Augusto, mi ha pregato, miei cari signore e signori, di mostrarvi i migliori posti della città reale di Dresda. Mio figlio Lorenzo ci farà da interprete.
Lorenzo, traduci per favore questo in tedesco!

Mein Vater heißt Sie mit aller Ehrerbietung herzlich willkommen zu diesem Rundgang durch unsre wunderschöne Stadt, bei dem ich, Lorenzo Bellotto, der ich mich gleichfalls mit dem Namen Canaletto schmücken darf, meinen Vater als Dolmetscher begleiten werde. Unsre hochherzige Gönnerin Maria Antonia, Kurfürstenwitwe und Mutter unsres Kronprinzen Friedrich August, hat meinen Vater gebeten, Ihnen, sehr geehrte Herrschaften, die Residenzstadt Dresden von ihrer allerbesten Seite zu zeigen.

In tutta modestia posso affermare, che non potevate trovare una guida migliore di me. Dal momento che io vedo questa città con gli occhi di un pittore, un vedutista veneziano, che ha trascorso qua già almeno 20 anni, i migliori della sua vita. È per me un grande onore e una grande gioia potervi ringraziare per il meraviglioso anno, che ho avuto la possibilità di trascorrere nella vostra pacifica città reale di Monaco, mentre qua infuriava la Guerra dei Sette Anni. Mi è stato di grande conforto il poter realizzare a Monaco le tre mie migliori vedute: La vista della città dalla Gasteige entrambe le vedute dal Castello di Nymphenburgo, che di sicuro avete spesso potuto ammirare nella residenza elettorale di Monaco.
Lorenzo, traduci per favore!

Mein Vater sagt in aller Bescheidenheit, Sie hätten keinen besseren Stadtführer finden können als ihn. Denn er sehe diese Stadt mit den Augen eines Malers, eines venezianischen Vedutenmalers, wie ich übrigens auch, und wir leben hier nun schon fast 20 Jahre. Es seien die besten Jahre seines Lebens, und dem kann ich mich nur anschließen. Es sei ihm eine große Freude und Ehre, dass er sich auf diese Weise heute für das wunderbare Jahr bedanken kann, welches er in Ihrer friedlichen Residenzstadt München verbringen durfte, als hier noch der Siebenjährige Krieg wütete. Und es sei ihm ein Trost, dass er damals in München drei seiner besten Veduten schaffen durfte: die Stadtansicht von Gasteige aus und die beiden Ansichten von Schloss Nymphenburgo, die Sie wohl im Münchner Residenzschloss schon oft betrachtet haben.

Ho dipinto lo splendore barocco di Dresda, che è stato opera dei re di Polonia e elettori di Sassonia sua Maestà Augusto II, detto il Forte, e Augusto III, il mio benevolo mecenate, in numerose vedute. Si, ho rappresentato con i miei dipinti ed incisioni il mito di Dresda barocca, che sopravviverà in tutti i tempi, indipendentemente dalle guerre che si succederanno in questa gloriosa città. Anche il terribile bombardamento da parte del re di Prussia di ormai 6 anni fa, durante il quale ho perso nella Salzgasse tutti miei averi, e l'incendio della torre Wilsdruffero e del sobborgo Pirnaischen sotto il comando dei comandanti prussiani, non sono riusciti ad offuscare l Aura di Dresda, questa perla barocca dell'epoca augustea.
Lorenzo, traduci per favore!

Mein Vater hat die barocke Pracht Dresdens, die von den königlich polnischen und kurfürstlich sächsischen Majestäten August II, dem Starken, und August III, seinem gnädigen Dienstherrn als Hofmaler, geschaffen wurde, in zahlreichen Veduten portraitiert. Mit seinen Veduten, an denen auch ich in jüngster Zeit mitarbeiten durfte, habe er ein Bild vom barocken Dresden geschaffen, das alle Zeiten überdauern wird, egal welche Kriege noch über diese herrliche Stadt hinwegziehen würden. Selbst das schreckliche Bombardement des Königs von Preußen vor nunmehr 6 Jahren, bei dem wir Hab und Gut in der Salzgasse verloren, und das Niederbrennen der Wilsdruffer und der Pirnaischen Vorstadt auf Befehl des preußischen Stadtkommandanten, hätten dem Nimbus Dresdens, dieser barocken Perle des Augusteischen Zeitalters, nichts anhaben können.

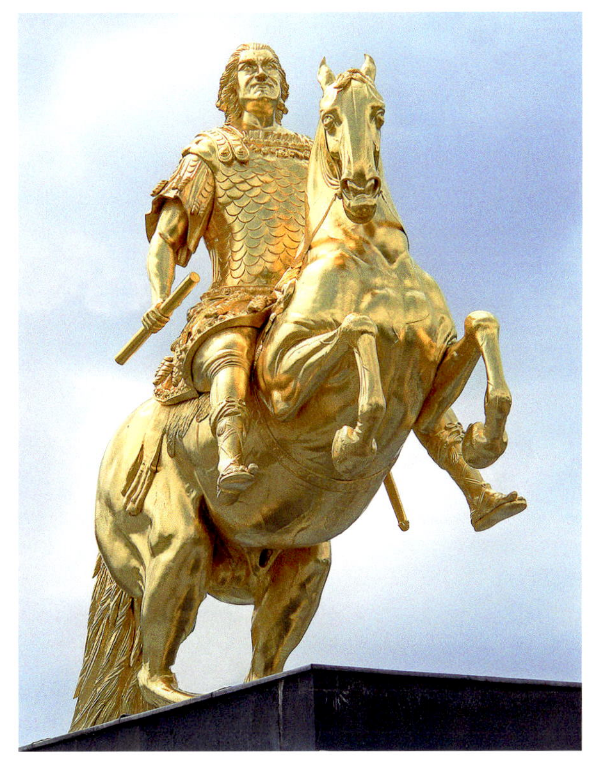

Der Goldene Reiter, © Claus Lieberwirth

In seguito, il mio talentuoso figlio Lorenzo vi tradurrà in tedesco le mie spiegazioni non più in maniera consecutiva, ma piuttosto simultanea. Consecutivamente durerebbe troppo! A Venezia Lorenzo ha appreso l'italiano con il latte materno e a Dresda ha studiato il tedesco dall'età di cinque anni. Lo parla in maniera eccellente, come avete avuto potuto constatare. Tuttavia non potrà riproporre perfettamente i dettagli e le sfumature delle mie parole, così come verranno formulate. Prego di scusarlo per questo data la sua giovinezza. Nelle traduzioni si perde sempre qualcosa, è così. Tuttavia, ho anche portato con me una serie di incisioni su Dresda, sulle quali vorrei mostrarvi ciò che vedete – o non vedete – nel nostro piccolo tour della città. Queste incisioni alla fine possono essere acquistate, per quanto la mia fornitura lo permette. Lorenzo, traduci anche questo in tedesco, poi continueremo in simultanea!

Mein Vater sagt, ich sei ein sehr talentierter Maler und solle seine Ausführungen im Folgenden simultan für Sie ins Deutsche übersetzen, konsekutiv würde viel zu lange dauern. Das würde seinem Prinzip der Effizienz widersprechen. Ich habe das Italienisch mit der Muttermilch in Venezia, und das Deutsch in Dresden im Alter von fünf Jahren angefangen zu lernen. Er meint, ich spreche vorzüglich Deutsch, wie Sie sicher bereits bemerkt haben. Trotzdem meint er auch, ich könne möglicherweise einige Feinheiten, Nuancen seiner Worte, nicht ganz genau so wiedergeben, wie sie von ihm formuliert und gemeint sind.

Bei Übersetzungen gehe immer etwas verloren, das sei nun mal so. Dies bitte er gegebenenfalls in Anbetracht meiner Jugend zu entschuldigen. Aber seien Sie unbesorgt, ich kenne meinen Vater sehr gut! Er hat noch einen Satz von 16 Dresdner Radierungen mitgebracht, auf denen ich Ihnen gerne zeige, was Sie auf unserem kleinen Rundgang sehen – oder auch nicht. Diese Radierungen können Sie anschließend erwerben, soweit der Vorrat reicht.

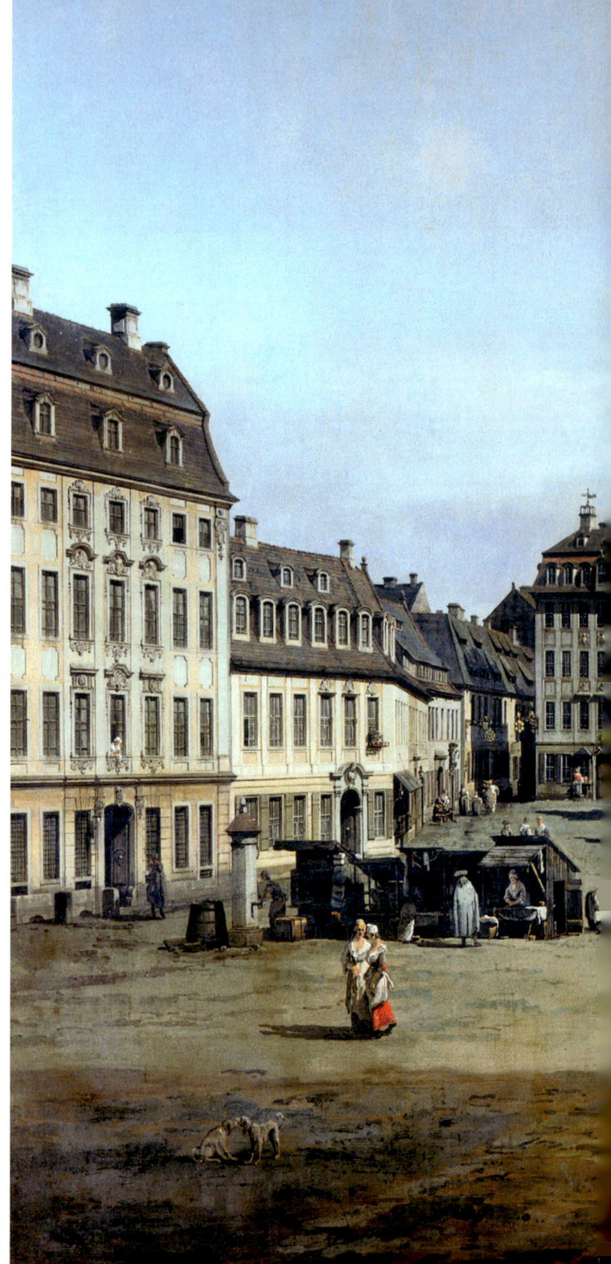

Der Neustädter Markt in Dresden, 1749

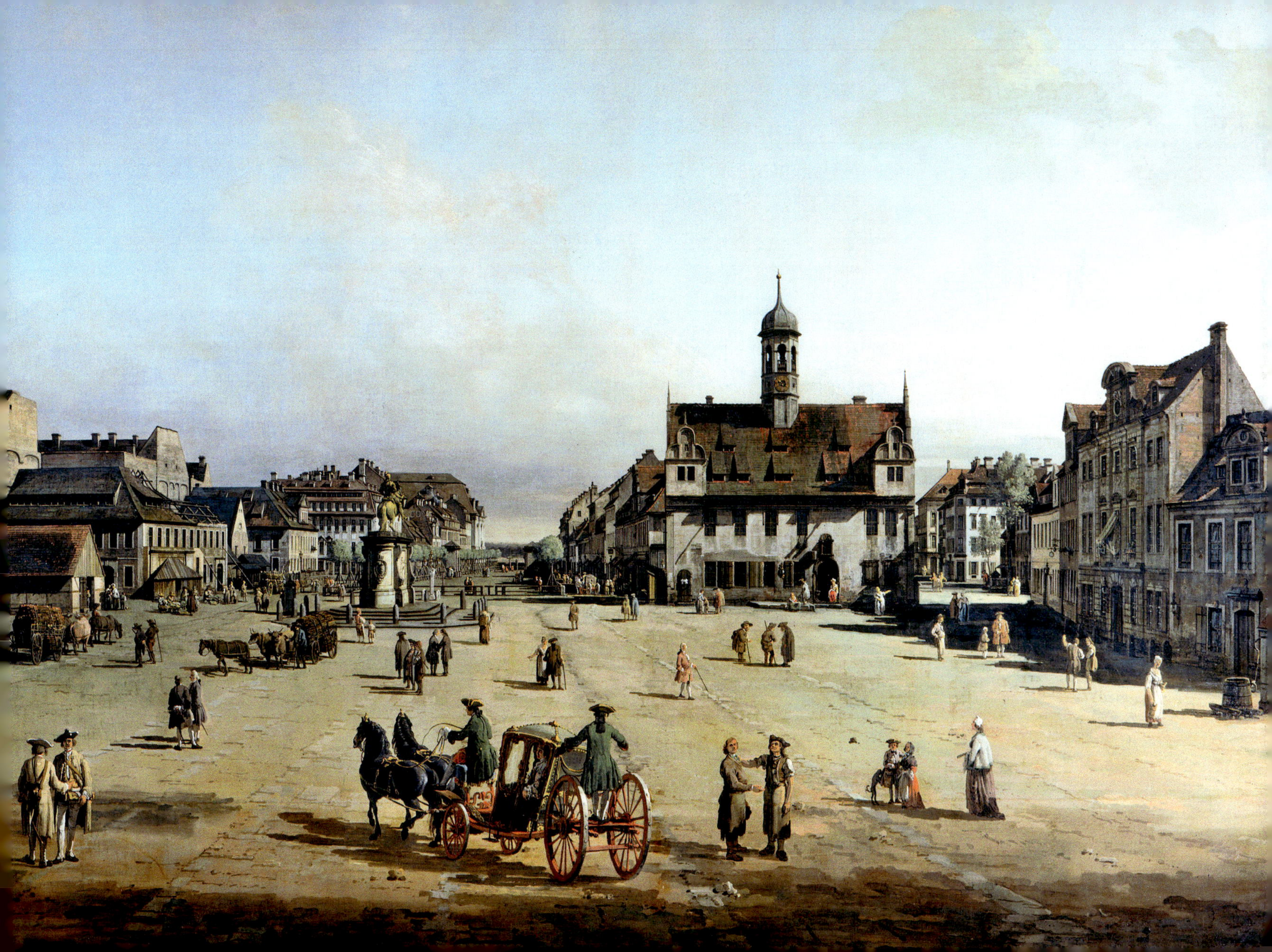

1. STATION: AM GOLDENEN REITER

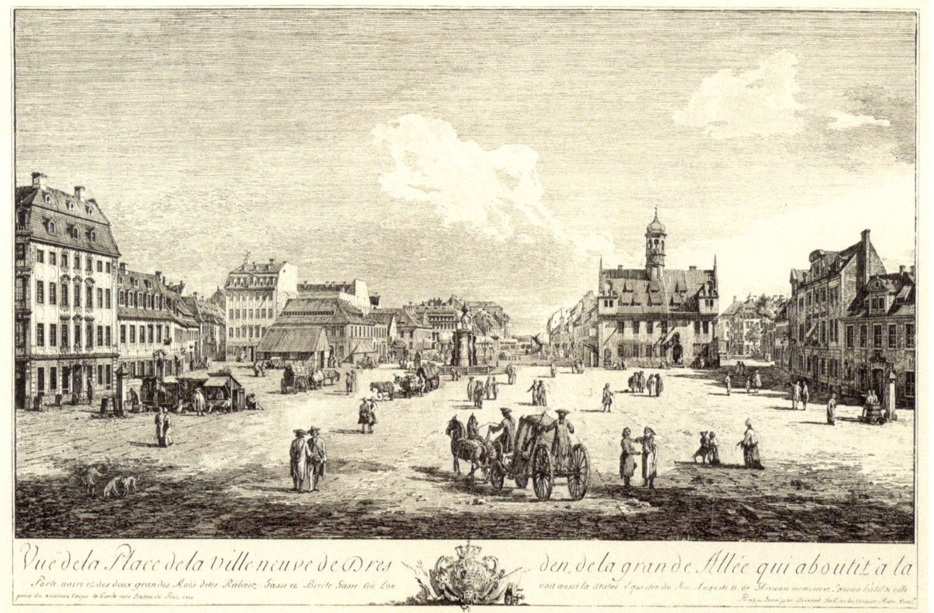

Der Neustädter Markt in Dresden, 1750
„Vuë dela Place dela ville-neuve de Dresden, dela grande Allée qui aboutit à la Porte noire et des deux grandes Ruës dites Rähnitz-Gasse et Breite Gasse: ou l'on voit aussi la statuë Equestre du Roi Auguste II de Glorieuse mémoire et L'ancien Hôtel de ville prise du nouveau corps de Garde vers l'entrée du Pont".

Ab jetzt werde ich meinen Vater simultan übersetzen, und natürlich ganz in seinem Sinne. Wenn er „io" oder „mio" sagt, dann übersetze ich es in „ich" und „mein", obwohl es natürlich die Ansicht meines Vaters ist, und falls mir mal das deutsche Wort nicht einfällt, bitte ich zu entschuldigen, dass ich seinen venezianischen Ausdruck übernehme.

Eccoci, wir stehen hier auf dem Neustädter Markt vor der Statue des Begründers des Augusteischen Zeitalters, Augusto II, il forte, il fortissimo, August der Starke. Ich habe ihn leider nicht mehr kennen gelernt. Wir sind erst 1747 von Venedig nach Dresden gekommen, und er ist ja schon 1733 gestorben. Er war, wie Sie wohl wissen, gleichzeitig König August II von Polen und Kurfürst Friedrich August I von Sachsen. Mein, also meines Vaters, inzwischen verstorbener oberster Dienstherr, war sein Sohn, demzufolge König August III von Polen und zugleich Friedrich August II von Sachsen. Das ist ein wenig verwirrend. Verwirrend ist auch, wie ich finde, dass beide Namen auf dem Sockel dieses Denkmals stehen: FRID. AVGVSTVS I. (rechts in seiner Blickrichtung) in Nominativo und links FRID. AVGVSTI II. in Genitivo (als Veranlasser) in gleich großen goldenen Lettern, der Reiter also ebenso wie der Spender. Sua Maesta haben das Denkmal gleich nach dem Tod seines Vaters in Auftrag gegeben. Zunächst sollte es aus Meißner Porzellan sein. Das hat aber nicht funktioniert, noch nicht! Dann hat es ein Signore Wiedemann in Kupfer getrieben. Es ist innen hohl und außen vergoldet. August der Starke scheint mit seinem Ross auf dem Sprung nach Warschau zu sein, wo er dann ja auch gestorben ist.

Der Goldene Reiter steht seit 1736, wie Sie auf der Inschrift an dem Sockel lesen können, den der Hofarchitekt Sieur Longuelune entworfen hat. Ich habe ihn noch persönlich ken-

nengelernt, aber er ist schon ganz am Anfang unserer Dresdner Jahre hochbetagt gestorben, ein sehr gebildeter und ideenreicher Franzose, der übrigens auch das Blockhaus entworfen hat, das Sie hinter mir sehen. Darauf komme ich noch zu sprechen. Sieur Longuelune hat erzählt, er hätte das Standbild von August dem Starken lieber oben auf dem Blockhaus gesehen als hier unten. Der Sockel stammt übrigens von ihm.

Für mio padre war es nicht von Nachteil, dass Majestät mit dem gesamten Hofstaat immer wieder für ein halbes Jahr nach Warschau zog, um dort seine Regierungsgeschäfte zu erledigen. Er habe ihn gerne wegreiten sehen, dann konnte er hier in Ruhe arbeiten. Schlimm wurde es erst im Siebenjährigen Krieg, da waren sie ja fast alle fast sieben Jahre in Warschau, und die Gehaltszahlungen an mio padre blieben aus. Das war hart.

Mio padre hat diese herrliche Szenerie gemalt, auf der Augusto Fortissimo von seinem hohen Ross herab in die Ferne blickt. Es dürfte seine sechste Dresdner Vedute gewesen sein, Ende 1749: der Neustädter Markt mit der Hauptstraßenallee nach Norden zum Schwarzen Tor, durch das die Majestäten mit ihrer Entourage nach Warschau gezogen sind, oder zur Jagd nach Moritzburg. Mio padre hat dies als Hofmaler für Augusto III auf einer Vedute festgehalten. Er weiß das Jahr nicht mehr so genau, weil er ja kurz danach noch eine Replik für Graf Brühl malen musste. Diese Vedute hat mio padre aus dem Eckzimmer dort oben im Mezzanin des Blockhauses heraus gemalt. Es war nicht schwierig, von Conte Brühl, suo Mezenate, die Erlaubnis zu bekommen, dieses Zimmer dort oben für ein paar Tage zu beziehen. Das Corps de Garde für die Augustusbrücke war ja noch nicht eingezogen. Am liebsten würde er mit Ihnen in das Zimmer von damals hinaufsteigen und Ihnen alles von Oben zeigen, aber das geht nun heute leider nicht.

Durch die Baufluchten der Häuser verengt sich die Allee ein wenig, wie in einer Theaterkulisse, nach Norden zum Schwarzen Tor hin, immerhin um mehrere Fuß. Die Lindenbäumchen sind inzwischen ganz schön gewachsen. Der selige Herr von Klengel hat zu ihrer Bewässerung auf halber Strecke eigens zwei Wasserhäuser eingeplant, zusätzlich zum Marktbrunnen hier vorne.

Wir haben Ihnen eine Radierung mitgebracht, die mio padre nach der kurfürstlich-königlichen Vedute angefertigt habe. Die können Sie ja mal herumreichen.

Früher stand hier die alte Dreikönigskirche. Augusto Fortissimo hat sie abreißen lassen und angeordnet, dass sie da hinten links neu, und natürlich auch größer, gebaut wird. Es fehlt nur immer noch der Turm. Aber das kann noch eine Weile dauern! Mindestens 30 Jahre! Hier vorne am Markt stand damals noch das Alte Rathaus von Altendresden. Es ist inzwischen abgebrochen und durch ein neues, größeres natürlich, ersetzt worden. Sie sehen es hier vorne linkerhand an der Westseite des Marktplatzes. Das Rathaus der Neuen Königstadt, oder „Neustadt" wie die Leute sagen, ist übrigens von Signore Knöffelo erbaut worden, der auch das Haus in der Salzgasse entworfen hat, in dem wir jetzt wieder die dritte Etage bewohnen.

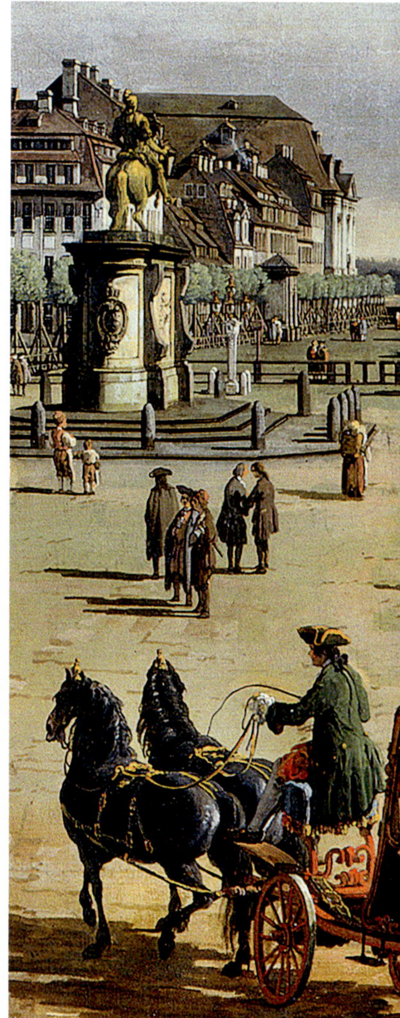

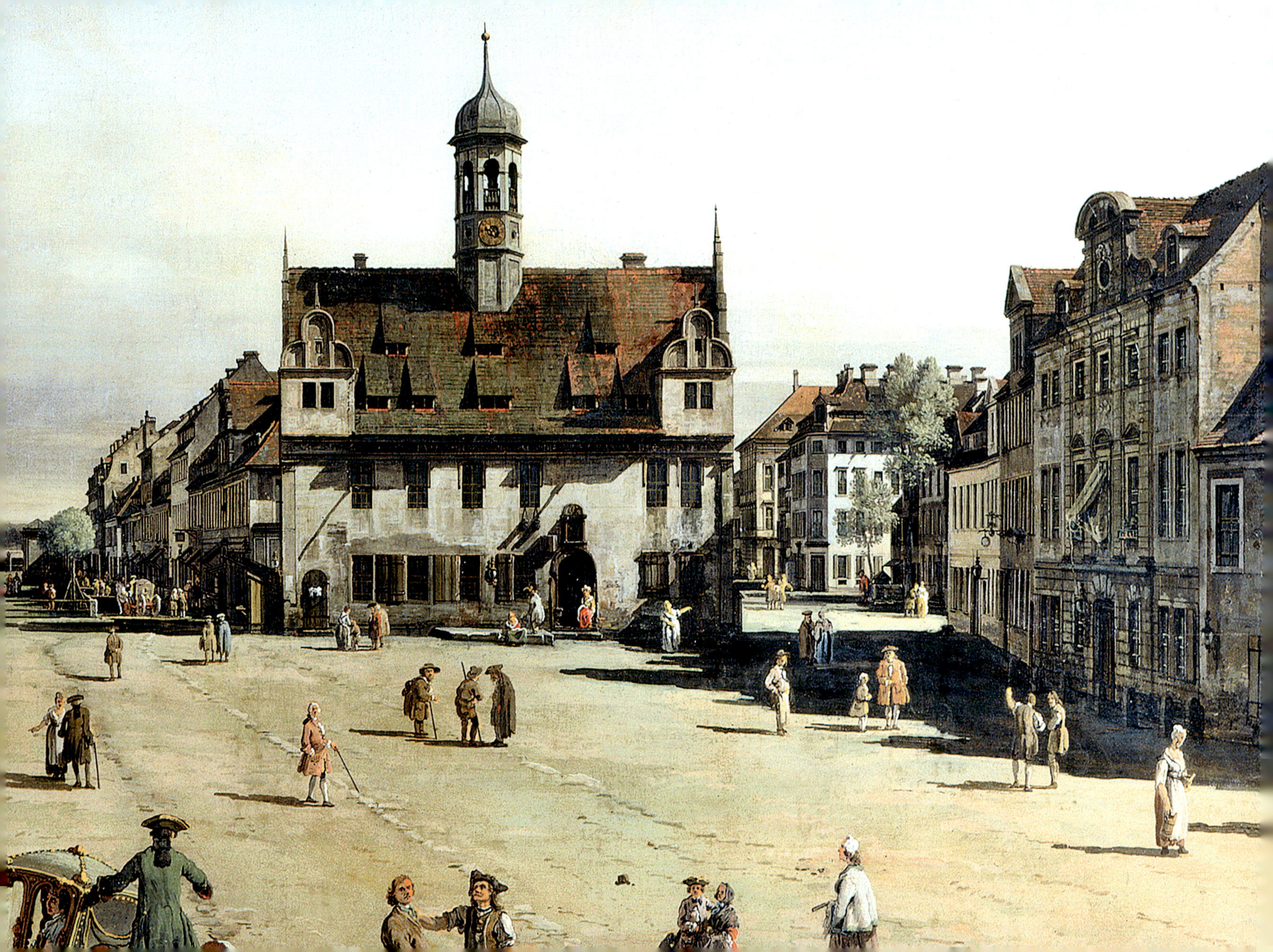

Miei onorévoli signore e signori,
als mio padre diese Vedute gemalt hat, stand dieses neue Rathaus noch nicht dort, sondern noch das alte Gewandhaus von Altendresden. Es wurde damals gerade abgerissen. Auf der Replik für Conte Brühl ist es dann schon weg. Man hatte damals noch einen freien Blick auf den Eingang zur Rähnitzgasse mit den stattlichen neuen Bürgerhäusern, wie das schöne Haus „Die goldene Sonne", wo auch einige unserer venezianischen Freunde wohnten. O sole mio!

Das Blockhaus steht genau in der Achse der Gran Viale, die der kurfürstliche Stadtbaumeister von Klengel geplant hat, nachdem Altendresden durch die fürchterliche Feuersbrunst von 1683 total zerstört worden war.
Miei onorèvoli signore e signori,

wir wollen jetzt den Goldenen Reiter verlassen. Ich werde Ihnen gleich die Stelle zeigen, von der aus Sie den schönsten Blick auf Dresden haben. Dort hat mio padre seine berühmteste Vedute gemalt, den sogenannten „Canaletto-Blick". Wir gehen durch die Große Meißner Gasse zum Kohlmarkt und sind dann gleich am Palazzo Olandese, wegen des grünen geschwungenen Daches auch Palazzo Giapponese genannt.

Avanti, prego, avanti!
Zu unserer 2. Station am Japanischen Palais

2. STATION: AM JAPANISCHEN PALAIS

Miei onorévoli signore e signori!

Was sagen Sie zu diesem großartigen Blick über die Elbe auf die Hofkirche, das Schloss und die Magnificenza del Conte Brühl? Für mio padre ist es sein panorama carissimo!
Von dort oben, aus dem Palazzo Giapponese, hat mio padre dieses wunderbare Panorama aus dem Eckzimmer im Mezzanin in dem gleichen Jahr gemalt, in dem Sua Maestà Reale Augusto III ihn zum pittore di corte ernannt und dabei fürstlich belohnt hat. Es ist wohl seine berühmteste Vedute geworden. Letztes Jahr im Frühsommer hat er die Szenerie ein zweites Mal gemalt, anlässlich unsrer Aufnahme in die neue Academia: seine Veduta di Rezeptione. Sie können sie zurzeit in der Jahresausstellung der Accademia betrachten und dort genauer studieren. Nachher, wenn wir an der Stelle angelangt sind, von der aus er diese Veduta gemalt hat, werde ich noch ein paar Worte über sie sagen.

Von hier, vom Palazzo Giapponese, der früher Palazzo Olandese hieß, hat man einen wunderbaren Blick über die Brücke hinweg bis zur Bastion Venus, oder Jungfern-Bastei, auf der bei meiner Ankunft in Dresden noch das Belvedere stand. Es ist dann wegen einer Unachtsamkeit explodiert, genau genommen explodierten die Feuerwerkskörper, die dort gelagert waren. Es gibt erstaunlich häufig Feuerwerk hier, zu allen möglichen Anlässen. Wir wohnen keine hundert Meter entfernt vom Belvedere, und es gingen damals einige

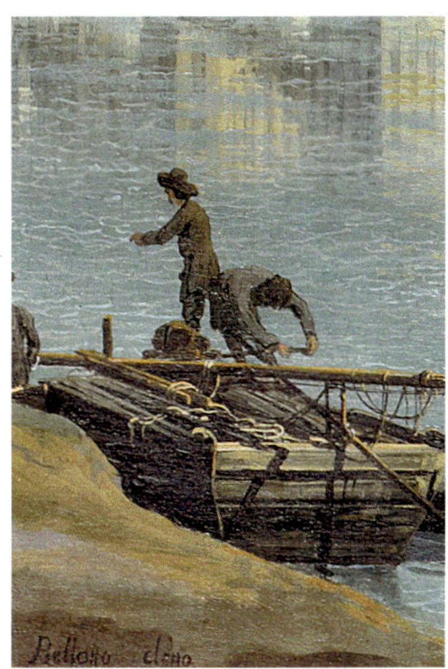

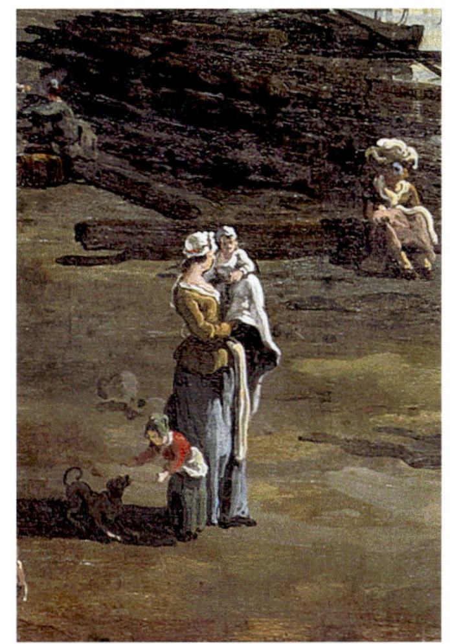

unserer Fensterscheiben zu Bruch. Ich, Lorenzo, war damals 5 ½ Jahre alt und erinnere mich noch gut daran!

Man könnte diese Ansicht übrigens auch im frühen Morgenlicht malen, oder sogar in der Nacht, bei Mondschein. Das stelle ich mir sehr romantisch vor: das warme Licht der Lampen über der Brücke, die Hofkirche von innen erleuchtet, ein paar Fenster der Gebäude auf der Bastion Sol und dahinter der Widerschein des Dunstes, der über dem italienischen Dörfchen liegt, wo früher die italienischen Bauleute

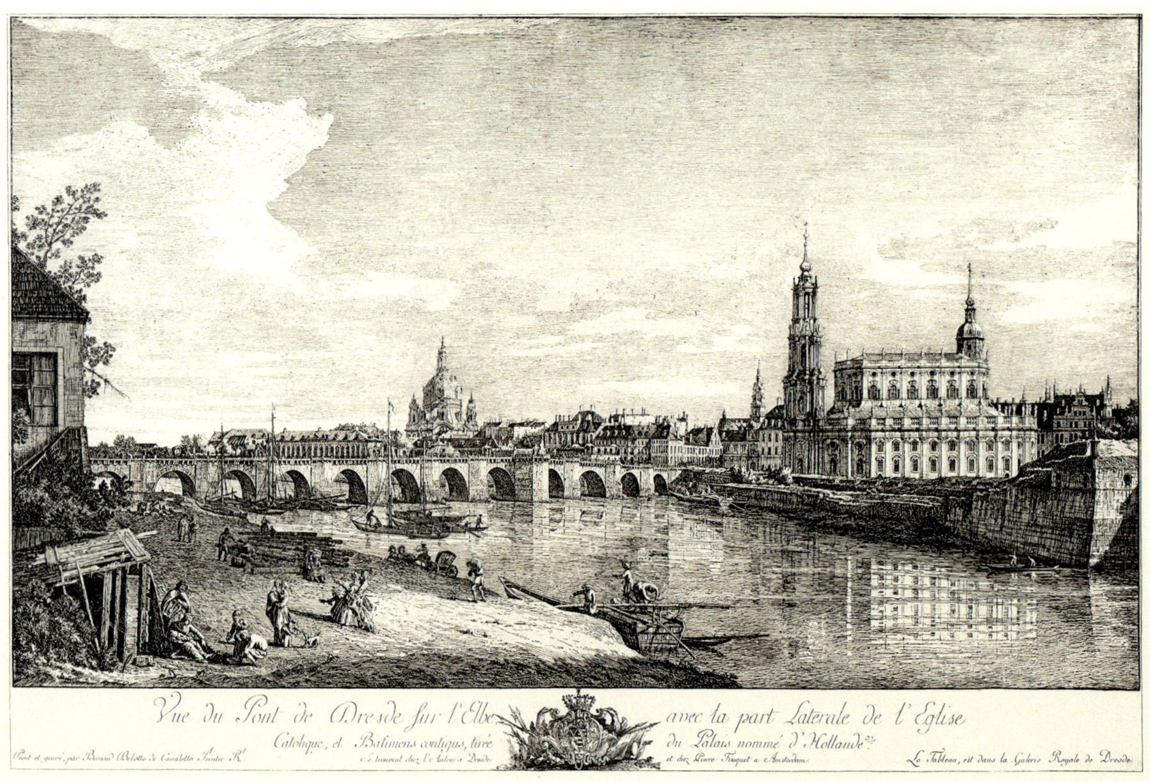

Dresden vom rechten Elbufer unterhalb der Augustusbrücke, 1749
„Perspective du Pont de Dresde sur L'Elbe, tiré de la veue du Palais de S.M. dit, d'Hollande avec la part Laterale de l'Eglise Catolique et batimens contigus".

Dresden vom rechten Elbufer unterhalb der Augustusbrücke, 1748

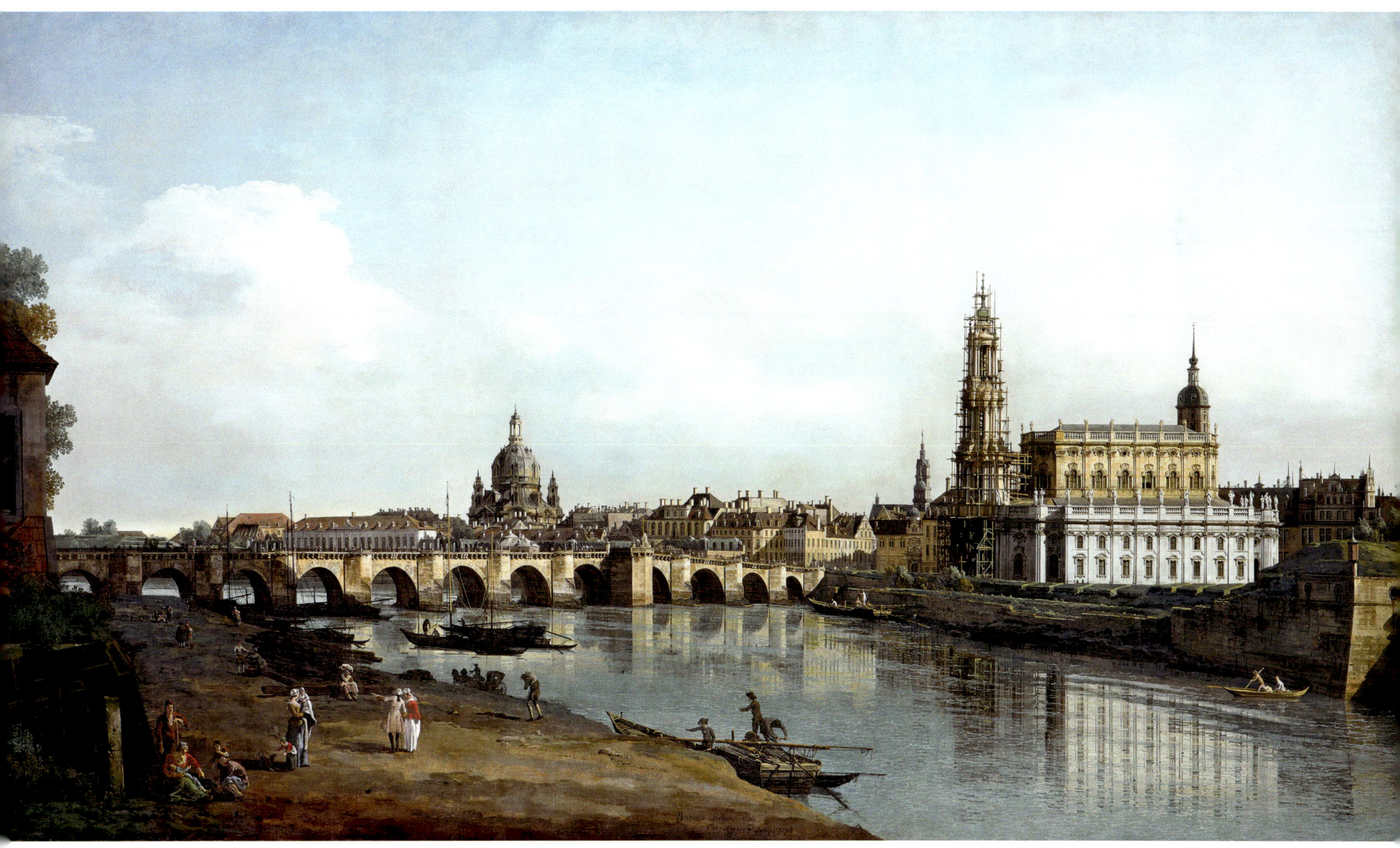

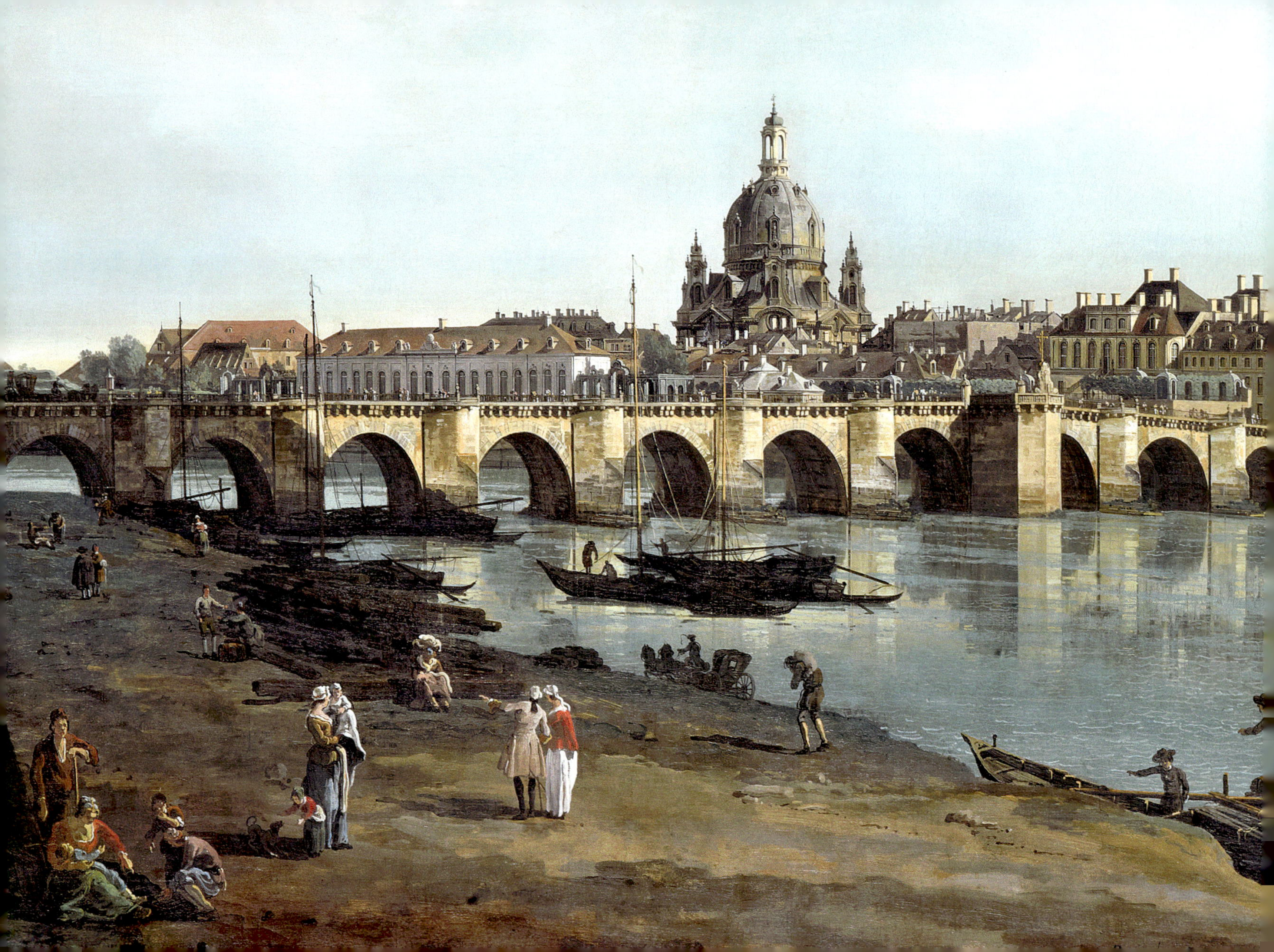

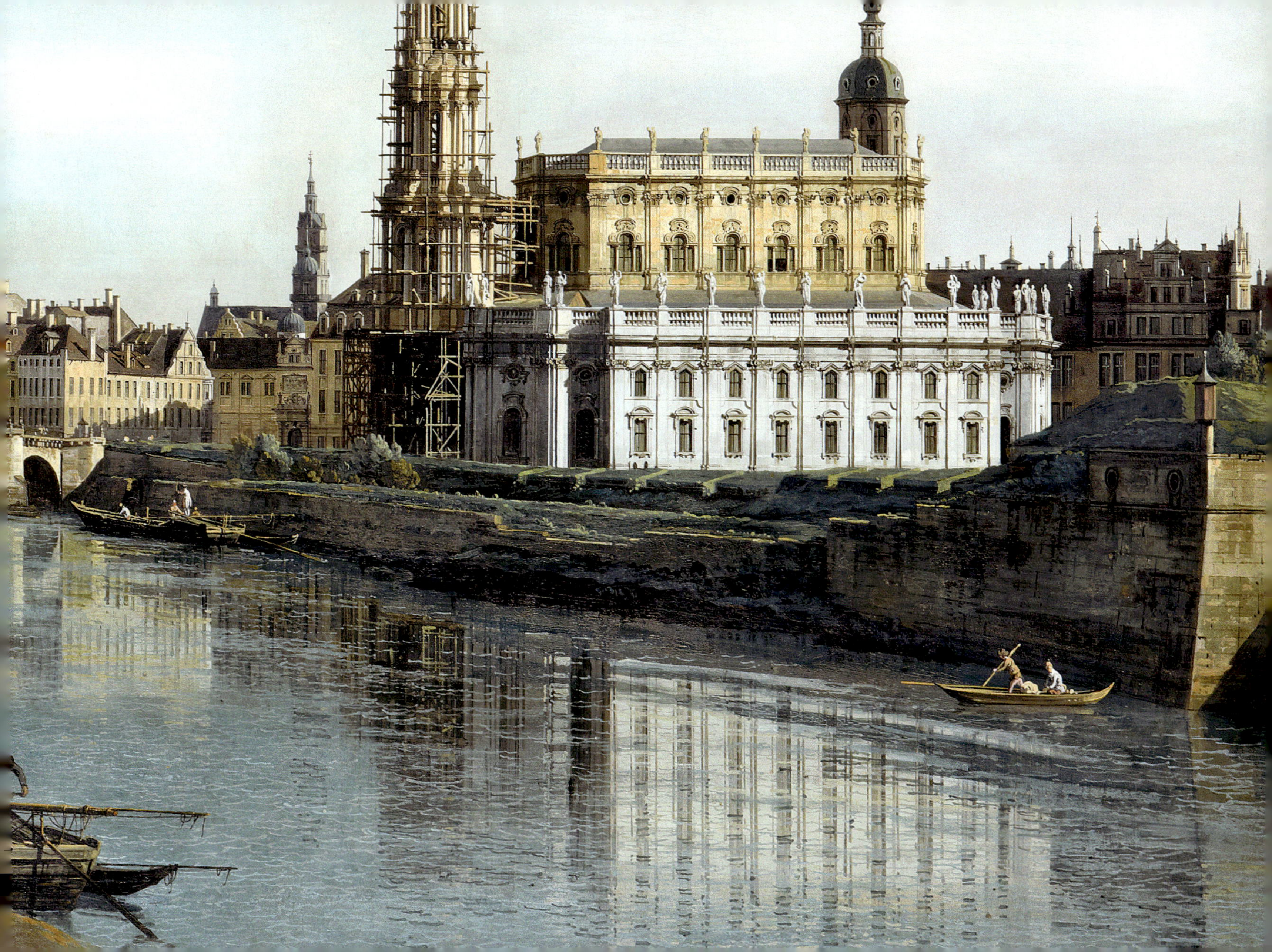

der Hofkirche von Gaëtano Chiaveri, und auch einige Musiker und Schauspieler wohnten. Ich bin gespannt, wie lange es noch dauern wird, bis ein Maler den richtigen Blick dafür hat.

Auf der Veduta di Rezeptione hat mio padre vor drei Jahren das Residenz-Schloss und die Katholische Hofkirche so gemalt, wie Sie sie heute sehen: den Georgenbau um ein Stockwerk höher, bereits vor dem Bello Prussico, und den Kirchturm so, wie er tatsächlich gebaut wurde, und natürlich auch nicht mehr hinter einem Baugerüst versteckt. Das mit dem Baugerüst war ohnehin nur ein Trick, eine malerische Freiheit sozusagen, die mio padre sich genommen hat.
Avanti, prego, avanti!

Als mio padre wenige Jahre später die Replik für Signore Inspectore Spahn in kleinerem Format angefertigt hat, konnte er schon das neue Belvedere hineinmalen, das Signore Knöffelo für den Conte Brühl entworfen hat. Denn il Conte hat – pronto pronto – ein neues Belvedere gebraucht, urgentemente!

Der preußische Stadtkommandant hat dieses herrliche neue Belvedere auf Befehl des Preußenkönigs 1759 sprengen lassen, um dort seine Kanonen aufzustellen. Wir zwei waren damals schon nach Wien abgereist, aber wie er die Wilsdruffer Vorstadt hat abbrennen lassen, das haben wir noch mitbekommen.

Das erste große Gebäude auf der anderen Elbseite ist il arsenale, das Zeughaus, von dem Sie aber von hier fast nur das Dach sehen. Daneben, direkt an der Festungsmauer, erkennen Sie die Gemäldegalerie von Conte Brühl, dahinter übrigens, das Dach mit den vielen Schornsteinen, das gehört zum Gebäude dei Signori Knöffelo e Caesare, ein stattliches Doppelhaus, in dem wir wohnen, in der Salzgasse hinter der Frauenkirche.

Vor der Frauenkirche sehen Sie noch ein Stück von der inzwischen aufgestockten Bibliothek von Conte Brühl, davor seinen Gartenpavillon, weiter rechts der Palazzo Brühl, ebenfalls inzwischen ein Stock höher, daran anschließend il Palazzo Fürstenberg, heute Sitz der Accademia dell'Arte, in der wir Vorlesungen über l'arte della prospettiva halten. Dann das Schloss und die Hofkirche. Im Hintergrund konnte man damals noch den Turm der Kreuzkirche sehen. Er ist ja im vergangenen Jahr, im Juni, eingestürzt. Darauf kommen wir bei unsrem kleinen Stadtrundgang, auf unsrer vorletzten Station, noch zu sprechen.

Als mio padre seine allererste Dresdner Vedute Sua Maestà Reale präsentierte, mit dem damalige Bauzustand der Hofkirche, also noch ohne Turm, wies ihn Augusto III unmissverständlich an, er solle seine herrliche Residenzstadt doch für alle Ewigkeit als das barocke Juwel an der Elbe malen, wie meine unsterbliche Heimatstadt Venedig an der Lagune. Er solle den Hofkirchenturm ganz, und nicht als Stummel malen. Der Kirchturm der Kathedrale müsse ein Gegengewicht zur Frauenkirche darstellen! Das war nicht nur ein Befehl, sondern auch ein starkes Argument.

▸ Blick auf Dresden vom Neustädter Brückenkopf, 1765

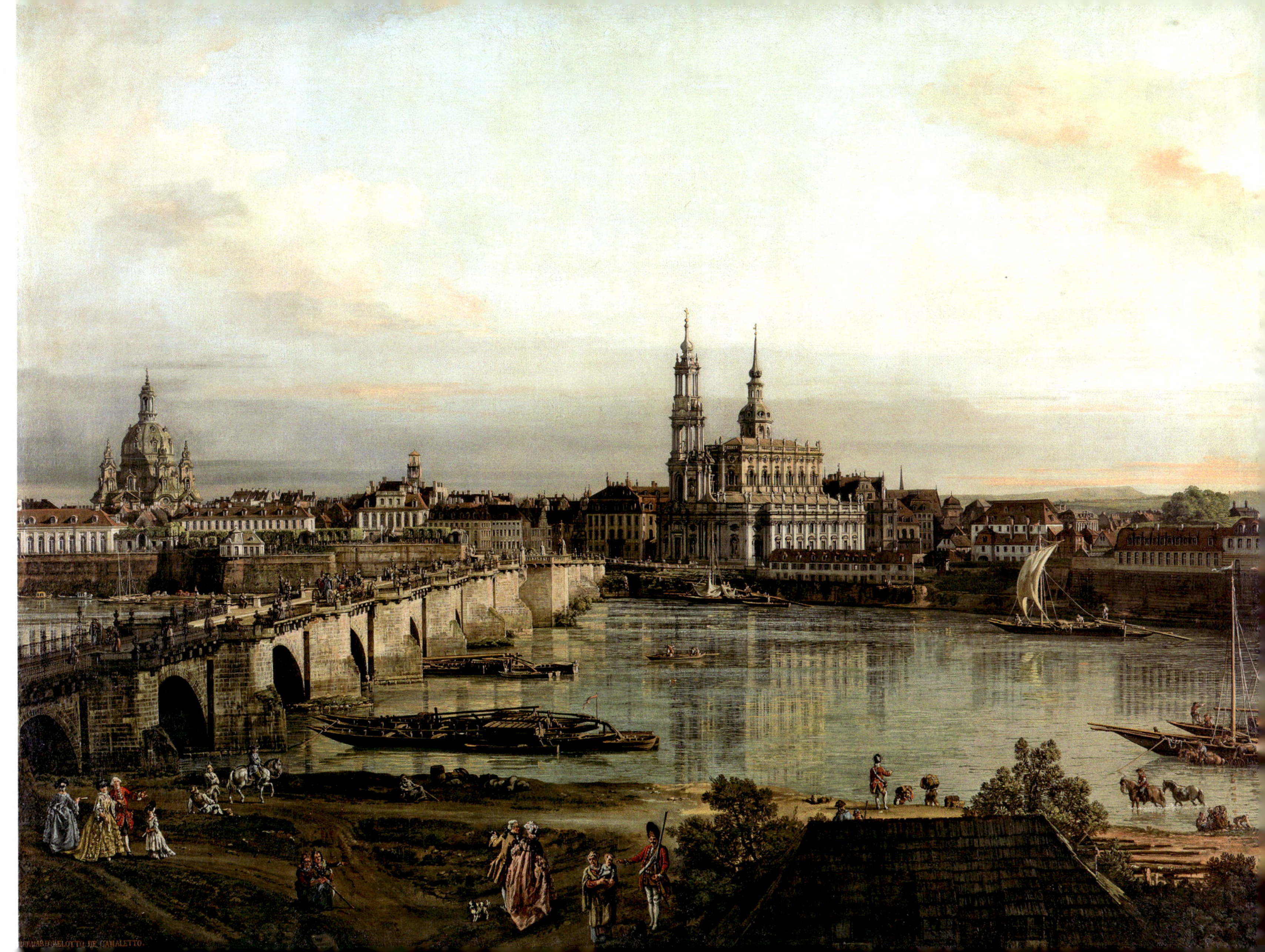
BELOTTO DE CANALETTO.

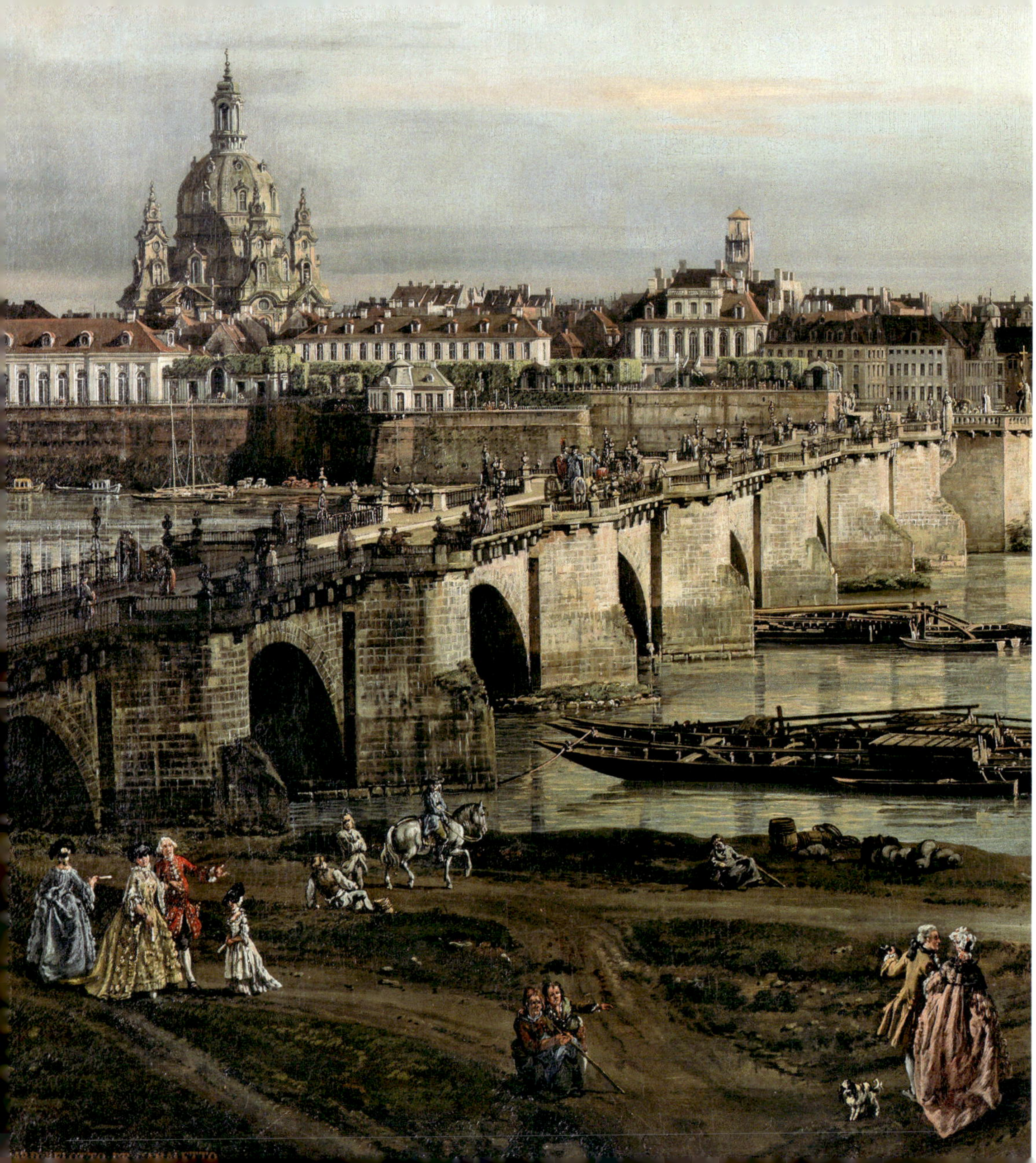

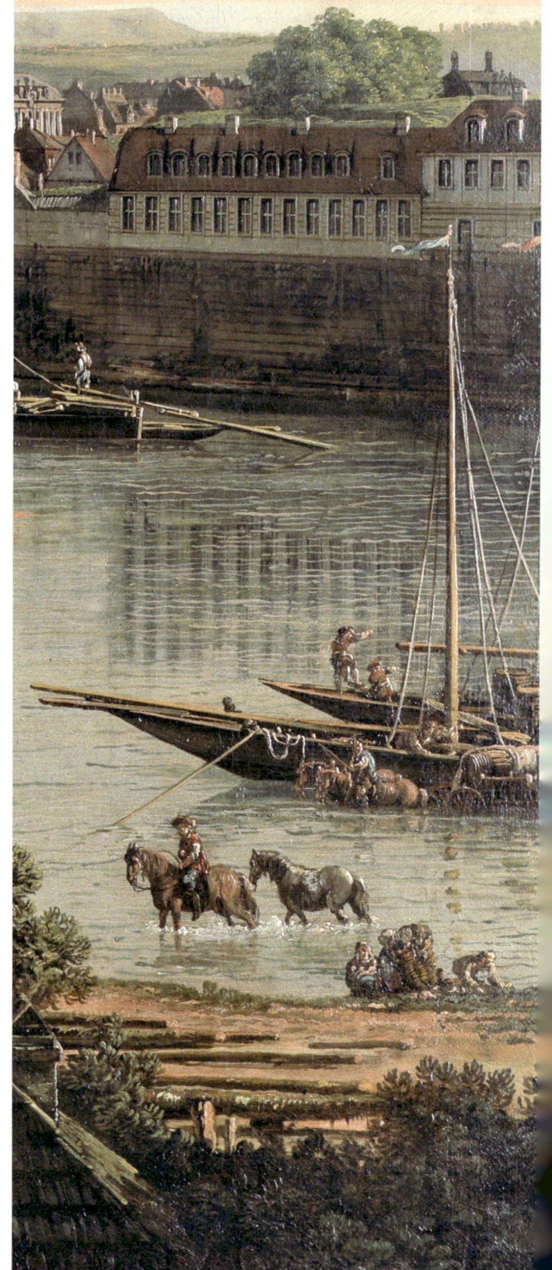

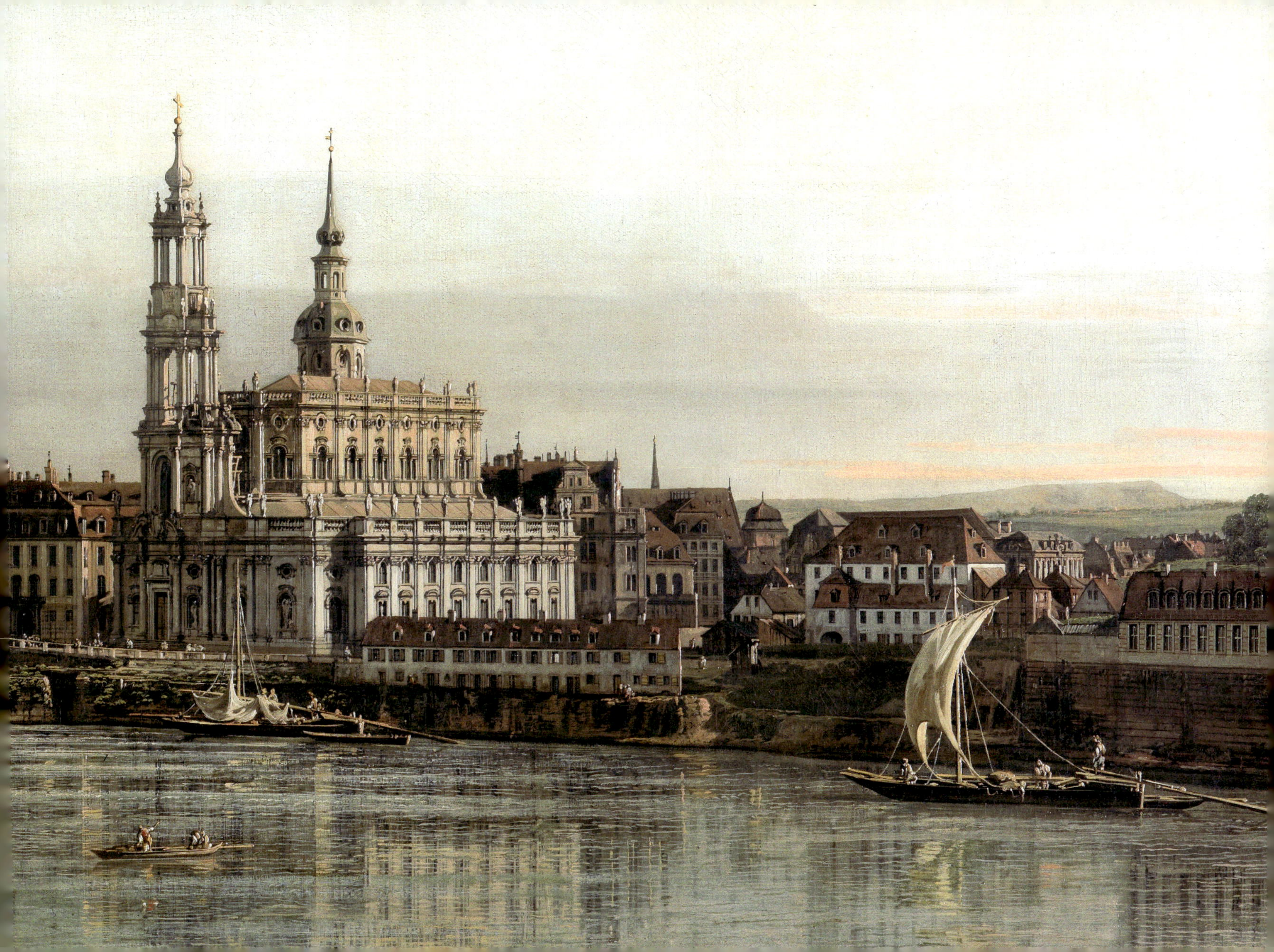

Was sollte mio padre tun? Den Kirchturm gab es noch nicht, andererseits sollte er Veduten malen, auf denen die Wirklichkeit zwar malerisch, aber doch auch so genau wie möglich wiedergegeben wird. Er wollte sich ja nicht blamieren, wenn der Kirchturm später ganz anders aussieht.

Also hat mio padre den architecte della chiesa, Gaëtano Chiaveri da Roma aufgesucht und sich zeigen lassen, wie der Kirchturm einmal aussehen soll. Lorenzo Zucchi hatte auch ein goldenes Zinkguss-Modell der Hofkirche angefertigt. Mio padre fand den Entwurf zwar ganz gut, aber

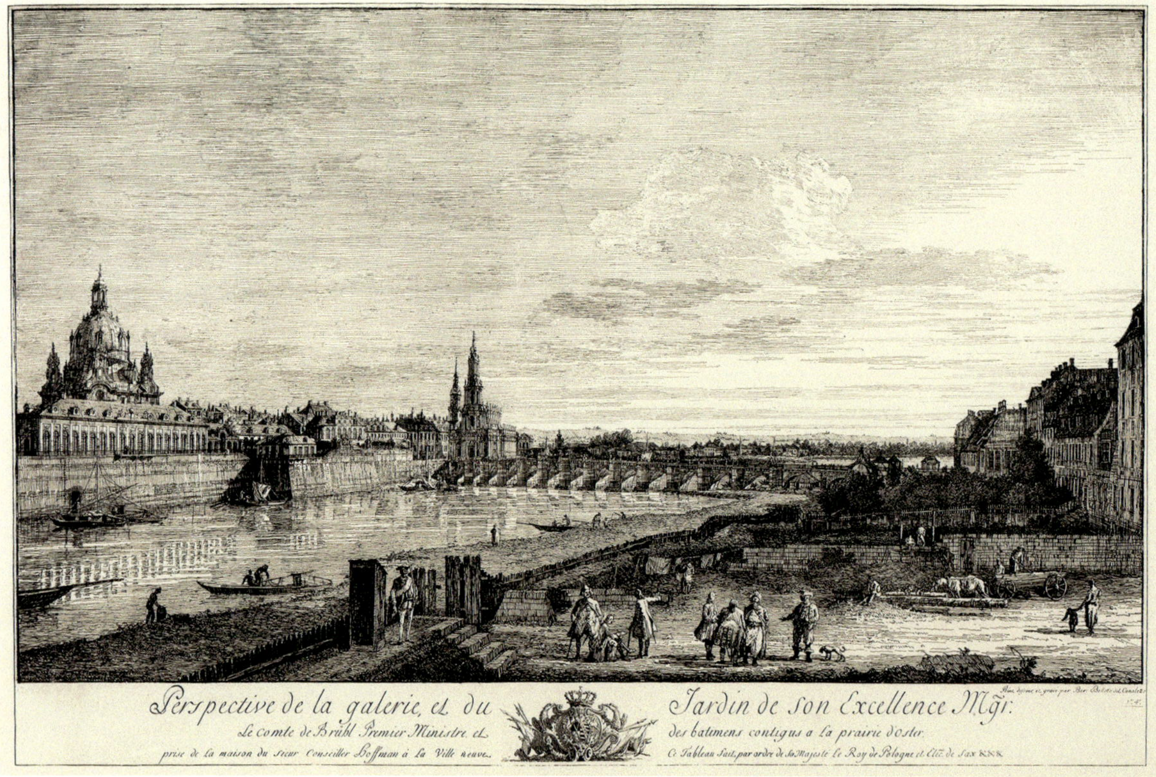

Dresden vom rechten Elbufer oberhalb der Augustusbrücke, 1747
„Perspective de la galerie, et du Jardin de son Excellence Mgr. Le compte de Brühl Premier Ministre, et des batimens contigus a la prairie d'Ostre, prise de la maison du sieur conseiller Hoffman à La Ville neuve".

Dresden vom rechten Elbufer oberhalb der Augustusbrücke, 1747

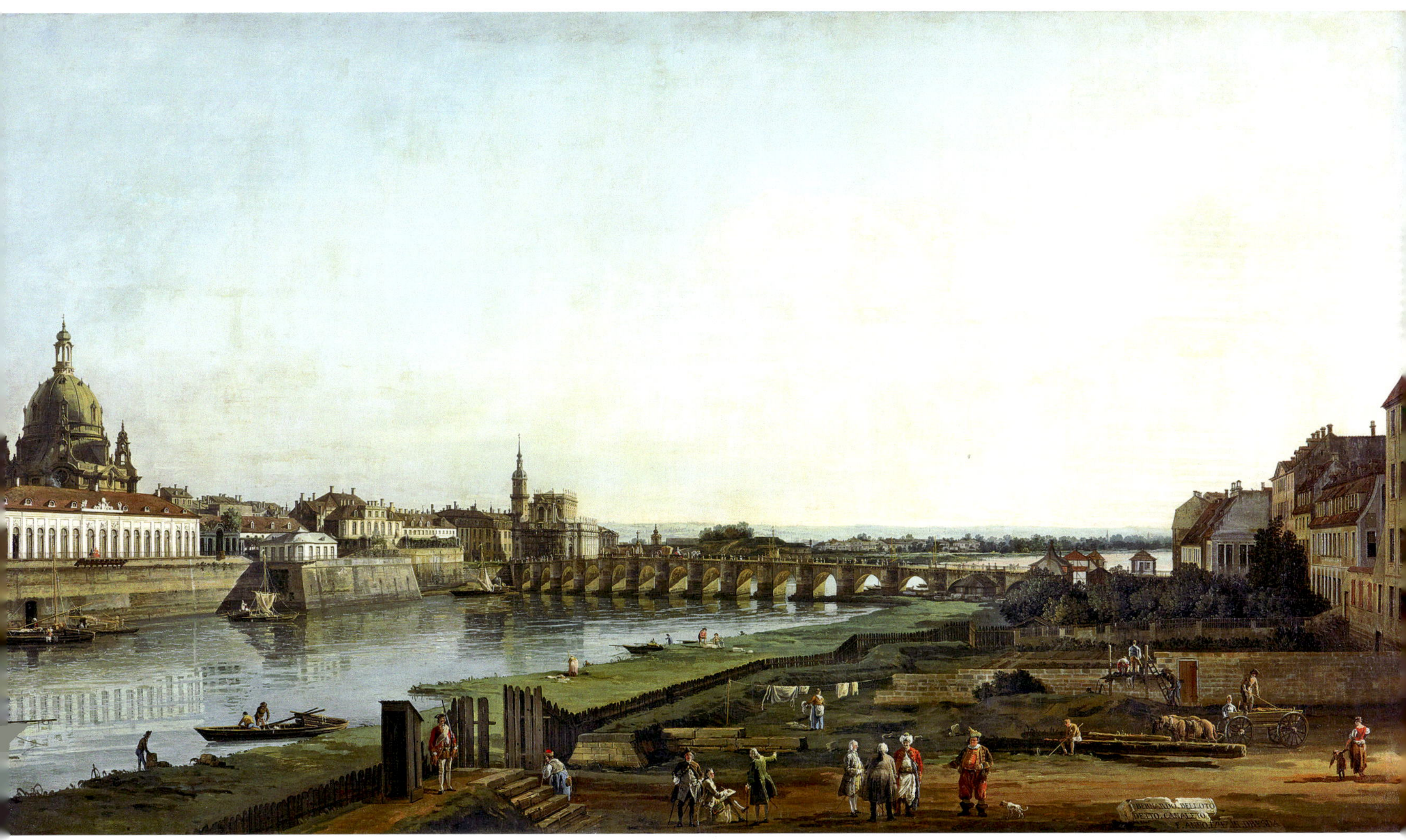
BERNARDO.BELLOTO
DETTO.CANALETO

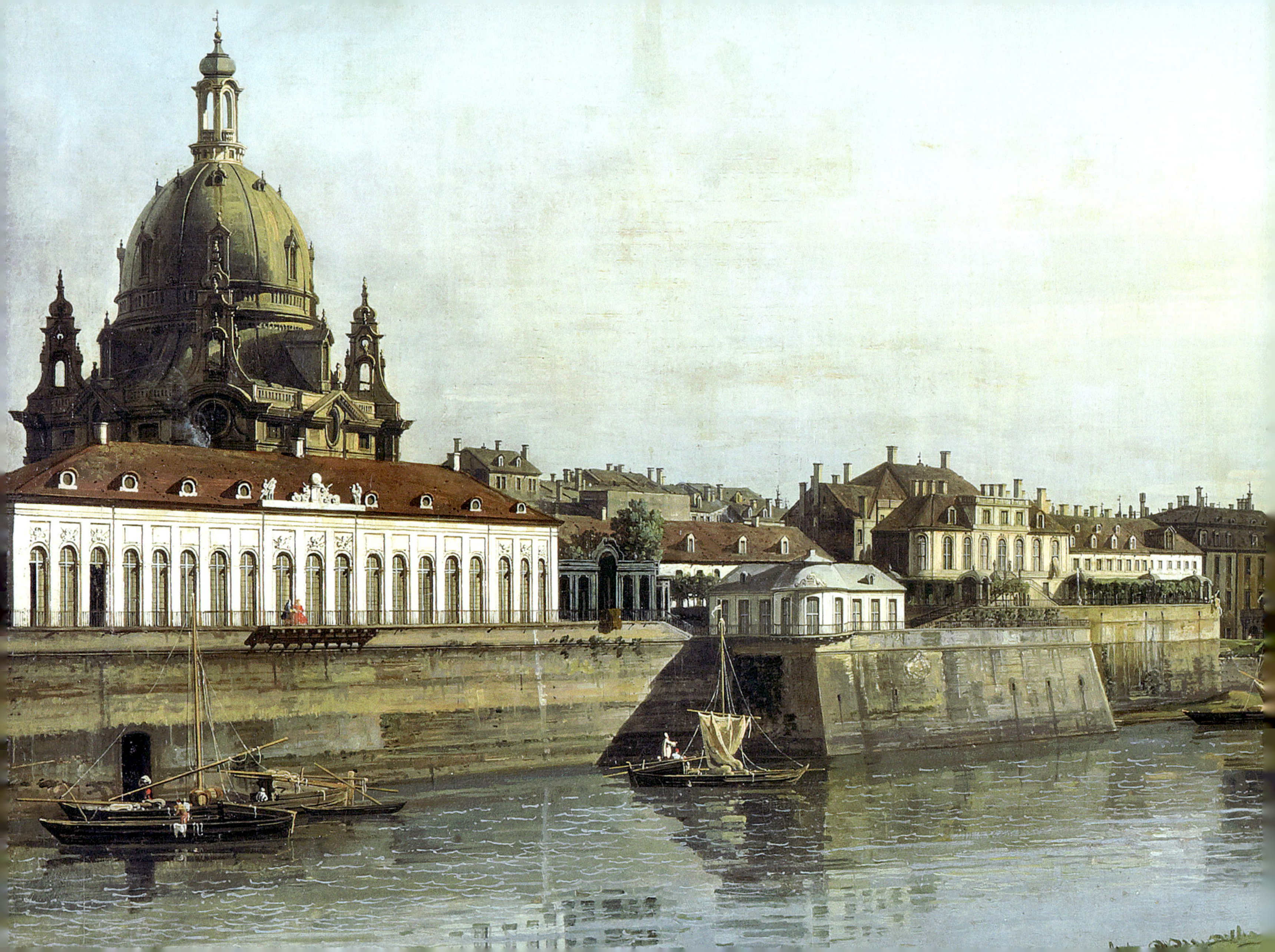

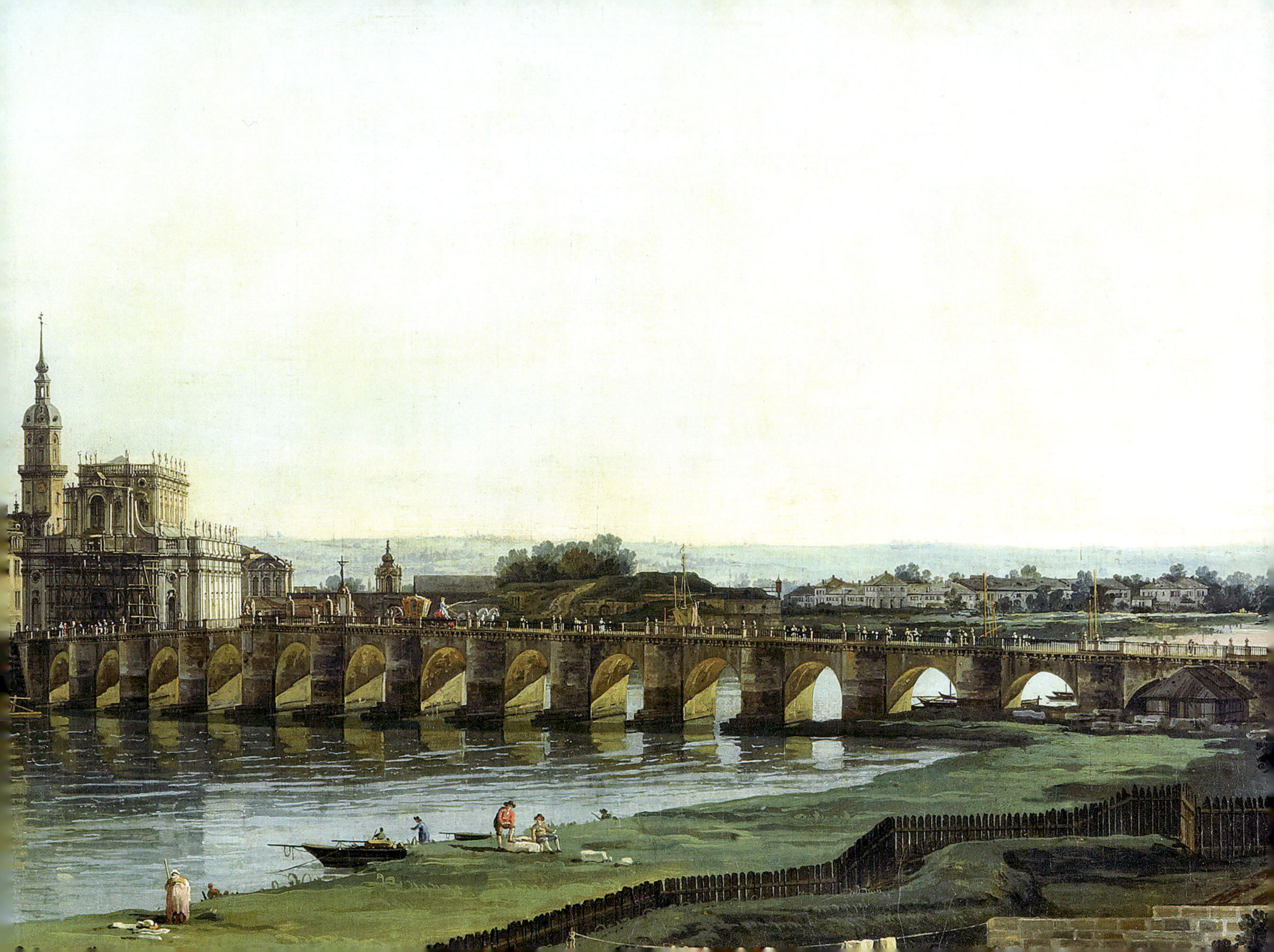

eigentlich war der Kirchturm etwas zu kurz geraten. So würde er sich weder gegenüber dem Schlossturm noch gegenüber der Frauenkirche behaupten können. Er beschloss daher, ihn etwas schlanker und höher zu malen und – sicherheitshalber – eingerüstet. Das verleiht dem Bild zugleich den Reiz einer authentischen Aktualität, die Architektur wirkt lebendiger. Auf den kleineren Repliken und den Radierungen hat er dann allerdings auf das Gerüst am Turm verzichtet.

Aber jetzt sehen Sie ja selbst, wie der Turm der Katholischen Hofkirche wirklich gebaut worden ist, und zwar von Signori Knöffelo e Schwarze. Fertig wurde er aber erst 1755, als Gaëtano längst verärgert nach Rom abgereist war. Immerhin hat ihn unser oberster Dienstherr mit einer lebenslangen Rente belohnt, meines Wissens allerdings nur bis zum Ausbruch des Siebenjährigen Krieges.

Für einen Maler ist diese prächtige Hofkirche ein wundervolles Motiv. Wie sich die Kirche in der Elbe spiegelt, das war damals für mio padre eine echte Herausforderung, auch später bei der veduta di rezeptione. Das Material ist Sandstein, im Hochschiff sichtbar, unten eingeschlämmt. Diese Pracht! Sie hat mio padre gereizt, einen Kontrapunkt zu setzen. Deshalb hat er im Vordergrund, auf unsrer Elbseite, ein eher ärmliches Szenario gemalt: die Anlandung von Baumaterial, übrigens auch den Sandstein für Mattiellis Skulpturen auf der Hofkirche, Lagerhütten, wie Sie sie auch heute hier an der Brücke sehen. Im Vordergrund also die arbeitende Bevölkerung. Dann hatte er noch den Einfall, als Kontrast zur Pracht der Hofkirche mit all ihren Heiligen, und auch als Hommage an Ihre königliche Hoheit Maria Josepha, die Heilige Familie mit Maria, Joseph und dem kleinen Jesusknaben zu malen. Ich glaube, diese Botschaft ist angekommen, zumindest bei abate Guarini.

Wenn Sie genau hinsehen, entdecken Sie mich, Lorenzo, auf dem Schoß meiner Mamma Maria. Und niemand hat sich gewundert, dass der kleine Jesusknabe schon so groß ist. Unser erstes Dresdner Hündchen und unser Hausmädchen machen das Familienidyll komplett.

Ach, es war eine schöne Zeit! Eine große Zukunft lag vor uns. Nun habe ich Ihnen aber von hier genug erzählt. Wir müssen weiter.
Avanti, avanti!

Wir gehen jetzt zur Elbe hinunter und dann auf dem Damm in Richtung Brücke, unter der Brücke hindurch bis zum Hause unsres Amigo Franco Giuseppe und seiner Gemahlin Felicità, die wir von Venezia kannten. Sie war die Meisterschülerin von Rosalba Carriera.

La Casa Hoffmann steht direkt am Wiesentor. Diesen kleinen Spaziergang haben wir oft zu Dritt gemacht, als ich, Lorenzo, noch klein war, auf dem Damm bis zur Casa di Signore Ministerialrat de Hoffmann. Wir werden es nach der Brücke sehen, unter der wir hindurchgehen. Auf dem Weg werde ich Ihnen zeigen, wie man herausfinden kann, wo genau mio padre mit seiner Staffelei stand, als er diese beiden Veduten malte.

Avanti, prego, avanti! Hinunter zur Elbe!
Miei onorèvoli signore e signori!

Wenn Sie wissen wollen, wo mio padre den Canaletto-Blick wirklich gemalt hat, dann müssen Sie an der Stelle anhalten, an welcher der Hausmannturm des Schlosses gerade hinter dem Hochschiff der Hofkiche verschwindet. Auf dem Unterschiff hat Mattielli die Skulpturen nach dem Programm von Ignazio Guarini platziert. Sie können das auch auf der Radierung sehen. Il padrono austriaco Leopoldo steht auf der oberen Balustrade völlig frei. Zwischen ihm und dem Schlossturm bleibt eine kleine Lücke. Vom Elbe-Damm sieht man diesen freien Spalt nur an einer ganz bestimmten Stelle. Genau dort war der Blickstrahl di mio padre.

Gemalt hat er die Vedute natürlich von einem etwas zurück liegenden höheren Standort aus. Wenn Sie den Strahl rückwärts verfolgen, stoßen Sie auf das Eck-Fenster im Japanischen Palais, aus dem heraus er diese Vedute gemalt hat. Man hat von dort oben einen schöneren Blick auf die Brücke. Und diese hat mio padre auf unserer veduta di rezeptione vor zwei Jahren besonders reichlich mit Staffage bevölkert, auch im Vordergrund am Elbufer, lauter feine Leute!

Diese veduta di rezeptione hat mio padre in einem etwas kleineren Format gemalt als die großen Veduten für Augusto III und Conte Brühl – wir mussten nach dem Bello Prussico ja alle den Gürtel etwas enger schnallen – und in einer abendlichen, leicht melancholischen Stimmung. Die veduta, die er vor fast 20 Jahren aus dem Japanischen Palais gemalt hat, erstrahlt dagegen in hellem Mittagslicht, sodass nicht nur die Hofkirche, sondern auch die neuen Gebäude von Conte Brühl, vor allem seine galleria di quadri, richtig zur Geltung kommen. In der neuen veduta sind einige dieser Gebäude bereits um ein Stockwerk erhöht und in ein wärmeres Licht getaucht.

Auf unsrer veduta di rezeptione hat mio padre den Palazzo Reale und die Katholische Hofkirche so gemalt, wie Sie sie heute sehen: den Georgenbau um ein Stockwerk höher, bereits vor dem Bello Prussico, und den Kirchturm so, wie er tatsächlich gebaut wurde, und natürlich auch nicht mehr hinter einem Baugerüst versteckt. Das mit dem Baugerüst war ja ohnehin ein Trick, eine malerische Freiheit sozusagen, die sich mio padre genommen hat.

Avanti, prego, avanti!
Zu unserer dritten Station!

3. STATION: DIE CASA HOFFMANN AM WIESENTOR

Miei onorévoli signore e signori!

Mit der Casa Hoffmann verbinden uns viele schöne Erinnerungen.

Mit den Sposi Hoffmann waren wir gut befreundet. Sie haben hier ein sehr geselliges Haus geführt und uns sozusagen in die Dresdner Gesellschaft eingeführt. Auf ihren monatlichen Gesellschaftsabenden traf sich wer am Dresdner Hof Rang und Namen hatte, bei der Oper oder dem Schauspiel, als Musiker, Maler, Bildhauer oder Architekt. Meistens waren es Italiener, häufig Venezianer wie wir, z.B. gli sposi Hasse, „il divino Sassone" und seine Faustina Bordoni, „la nuova sirena". Sie besassen auch in Venedig noch ein Haus. Faustina war mit Felicità eng befreundet.

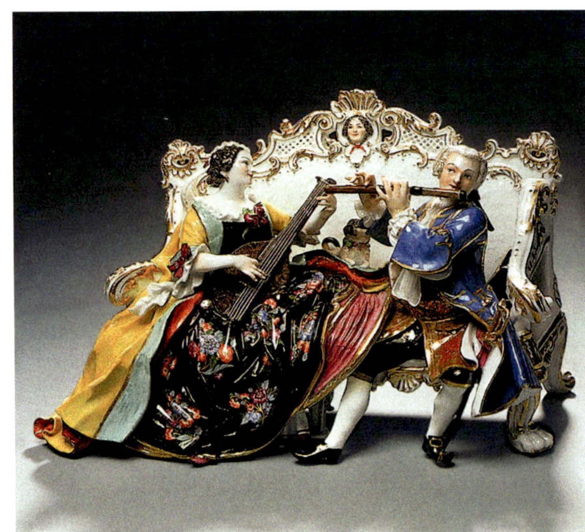

Musizierendes Paar – Johann Adolph Hasse und Faustina Bordoni? Galante Sofagruppe, Meißner Porzellan, Entwurf von Johann Joachim Kändler

Auf diesen Abendgesellschaften hat uns oft auch Niccolò Pozzi, den man hier Nicoletti nannte, mit seinen Koloratur-Arien erfreut. Hier haben wir die Hofmalerkollegen Thiele und Dietrich, der sich damals noch Ditterici nannte, kennengelernt, und auch Vater und Sohn Mengs. Hofnarr Seppe Fröhlic ist oft erschienen und hat seine Späße mit uns gemacht. Er wohnte noch nicht in seinem Narrenhäusel, seiner casa di buffone, die er am rechten Brückenkopf gegenüber dem Blockhaus bauen durfte. Er war eben nicht nur ein buffone, sondern auch ein sehr tüchtiger Geschäftsmann.

Aus dem Salon von Felicità im Eckzimmer des ersten Obergeschosses der Casa Hoffmann hat mio padre seine allererste Dresdner Vedute gemalt. Der Blick reicht von Signore Knöffelo's Neubau der Gemäldegalerie di Conte Brühl, darüber die Kuppel der Frauenkirche von George Bähr, über den Palazzo Brühl mit den übrigen Gebäuden del Conte Brühl, zum Residenzschloss und zur Hofkirche – damals noch ohne Turm – weiter über die Brücke herüber ans rechte Elbufer mit seinen stattlichen Bürgerhäusern und Vorgärten zur Elbe hin.

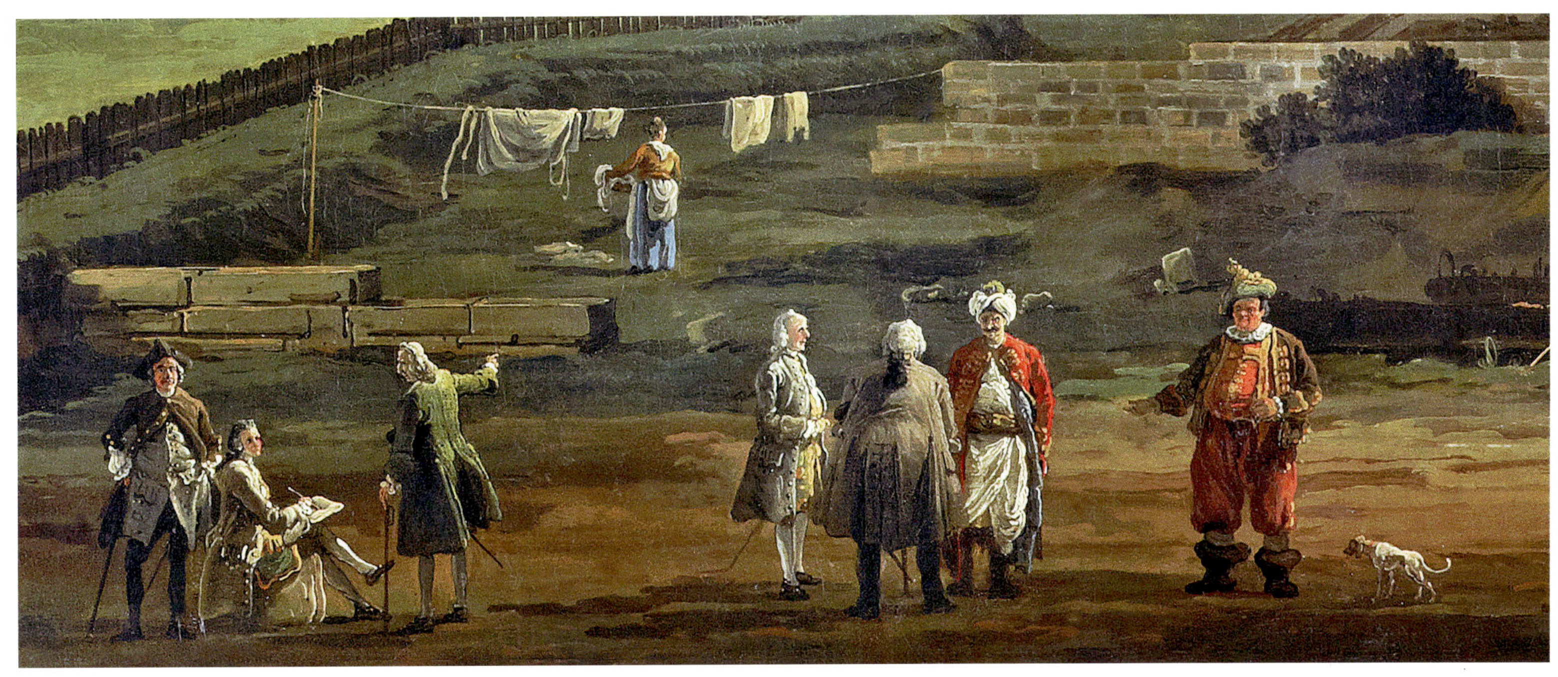

Staffage der Hofgesellschaft von der Malergruppe bis zum Hofnarren Fröhlich und seinem Hund
aus Bellottos 1. Dresdner Vedute

Sie kennen das Panorama ja schon vom Palazzo Giapponese aus. Von hier aus können Sie übrigens auf der anderen Elbseite zwei Standorte sehen, an denen mio padre im ersten Jahr als Hofmaler seine Staffelei aufstellen durfte, um zwei Veduten zu malen, die ich Ihnen auf unserem Rundgang noch zeigen werde: den Pavillon an der Mauerecke des Giardino di Conte Brühl und – hinter der Augustusbrücke – den vorderen Eckturm des neuen Marstalls, la scuderia nuova.

Mit seiner ersten Dresdner Vedute hat mio padre auch seinem künftigen Dienstherrn und Premierminister Conte Brühl seine Reverenz erwiesen und auch ihm seine Visitenkarte hinterlassen, in Sandstein gemeißelt.

Mit einigen Staffagefiguren im Vordergrund wollte mio padre zeigen, dass er in Dresden nicht nur angekommen, sondern bereits gut integriert ist: sich selbst inmitten seiner beiden Hofmalerkollegen Thiele und Dietrich, den Leibarzt und

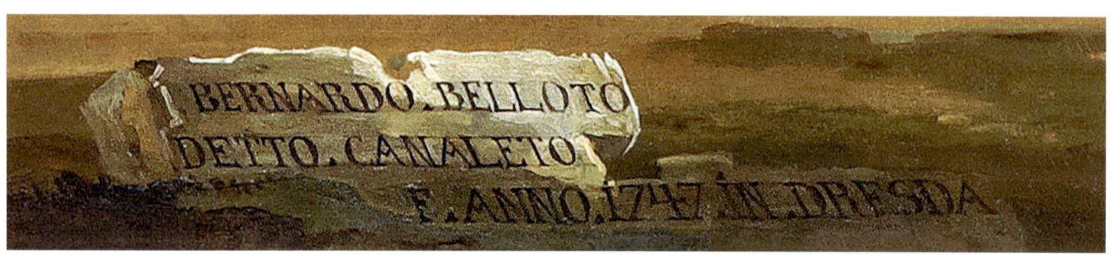

Visitenkartensandstein
aus Bellottos 1. Dresdner Vedute

den Kammertürken der Kurfürstin, den Alto Pozzi getto Nicoletti sowie den buffone Fröhlic mit seinem Hündchen, das gerade den Visiten-Sandstein markiert hat. Man kann diese Figuren sogar noch auf der Radierung erkennen. Aber Sie würden nie darauf kommen, dass der kleine rote Fleck auf dem Balkon der Gemäldegalerie das Ehepaar Brühl darstellt. Contessa trägt ein leuchtend rotes Kleid!

Das Wiesentor war auch damals schon ein Tor, durch das Waren und Baumaterial von Pirna per Lastkahn herbei transportiert wurde. Auf dem Platz vor der Casa Hoffmann wurde es zwischengelagert und dann mit Fuhrwerken zum Jägerhof und in die Città Nuova abtransportiert.

Hofrat von Hoffmann hat für seine langjährigen Verdienste als Kämmerer und Inspektor des Grünen Gewölbes von Sua Maestá Augusto III das Adelsprädikat und die Erlaubnis erhalten, hier auf den Elbwiesen zu bauen und hinter dem Haus noch einen schönen kleinen Park anzulegen, in dem die Herrschaften lustwandeln konnten. Er hat sich keine Sorgen gemacht, Haus und Park könnten bei einem Hochwasser überschwemmt werden. Zu seinen Lebzeiten ist das zum Glück auch nicht passiert. Der kleine Erd-Wall entlang der Elbe bietet natürlich keinen ausreichenden Schutz vor dem Hochwasser der Elbe. Deshalb sichern die anderen Hausbesitzer ihre Vorgärten zur Elbe hin mit starken Mauern. Das werden Sie auf unserem kleinen Spaziergang hierher schon bemerkt haben, vielleicht auch die lauschigen Gartenhäuschen in den Ecken.

Im Übrigen möchte mio padre bemerken, dass er Guiseppe und Felicità zum Dank für ihre Gastfreundschaft und ihr Entgegenkommen eine kleine compositione capricciosa der Casa Hoffmann von Osten gemalt hat, auf der er das Paar in die Kulisse seiner ersten Dresdner Vedute hineingemalt hat. Das war im Jahr vor seinem Tod.

Wir gehen jetzt die Wiesentorgasse hinauf und wenden uns dann nach links dem Narrenhäusel am Brückenkopf zu. Sein Bauherr und Besitzer, il buffone Seppe Fröhlic, ist ja leider schon im ersten Kriegsjahr in der Nähe von Warschau gestorben. La casa di buffone, das Narrenhäusel, wird jetzt von seinen Erben bewirtschaftet. Es ist ein originelles Bauwerk und wird wohl irgendwann einmal unter Denkmalschutz gestellt werden.

Avanti, prego, avanti! Zur Brücke!
Und dann hinüber zum Altstädter Brückenkopf, zum Schloss und zur Hofkirche!

Etappe am Neustädter Brückenkopf: Das Narrenhäusel

Miei onorévoli signore e signori!

Wir sind jetzt am Wohnhaus unseres berühmten Freundes, des buffone Guiseppe Frölic angekommen. Guiseppe war buffone coronale delle due Maestá Augusto II, il Fortissimo, e Augusto III, suo filio e successore. Leider ist er schon vor 10 Jahren in Varsovia von uns gegangen. Dort ist sein Herz begraben und auch sein Hund. La sua sposa Eva führt jetzt die Geschäfte. Sie ist vor drei Jahren wieder zurückgekehrt in ihr Narrenhäusel, la casa di buffone, und ziemlich alt geworden, lebt aber noch.

Entschuldigen Sie bitte mio padre für einen piccolo momento. Er wird versuchen, die alte Dame wenigstens kurz zu besuchen und ihr alles Gute wünschen, vor Allem natürlich Gesundheit. Von den Brücken-Podesten haben Sie wunderbare Ausblicke, zur Linken elbaufwärts, zur Rechten elbabwärts.

Avanti, prego, avanti! Über die Brücke zum Schlossplatz!

4. Station: Schlossplatz

Miei onorévoli signore e signori!

Wir sind nun schon am anderen Ufer, an der Festungsmauer unter dem Giardino Brühl, vor uns das Schloss mit dem Georgentor, linkerhand La Accademia, vormals Palazzo Fürstenbergo, und zur Rechten die Katholische Hofkirche. Dies ist der Schlossplatz. Von links mündet die Augustusgasse in den Platz, aus der unser oberster Dienstherr, Sua Maestà Augusto III, oft im Sechsspänner zur Jagd über die Brücke nach Schloss Moritzburg und in der Staatskarosse nach *Varsavia gefahren ist, immer mit Meldeläufern vorneweg. Durch das Georgentor hindurch kommt man in die Schlossgasse, die direkt zum Altmarkt führt.*

Dies ist ein schönes Motiv, aber für einen Maler schwierig auf die Leinwand zu bannen. Mio padre hat sich deshalb auch für diese Vedute einen erhöhten Standort gesucht – und gefunden: dort oben an der Ecke des Giardino di Conte Brühl. Von dort hat man einen schönen Blick auf den Brückenkopf, den Fahrdamm der Brücke von Maestro Pöppelmann und die seitlichen Trottoirs mit den Austritten für Fußgänger, die den Ausblick genießen wollen, sogar mit Sitzbänken und Laternen am geschmiedeten Geländer. Das haben Sie ja soeben aus allernächster Nähe gesehen.

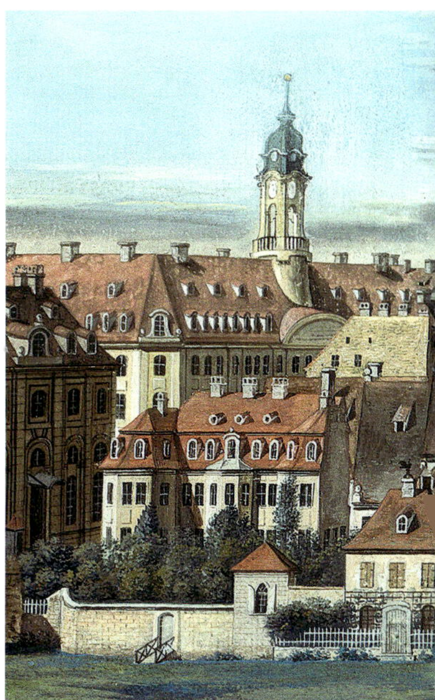

Carl Benjamin Thielemann, um 1800: Vedute des Neustädter Ufers, Ausschnitt Narrenhäusel

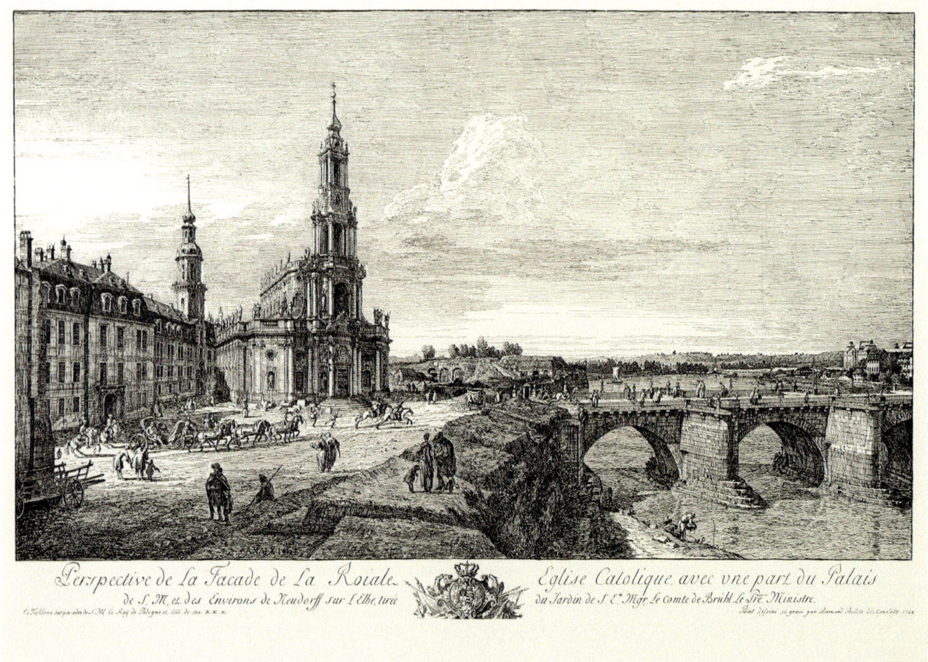

Dresden vom linken Elbufer oberhalb der Augustusbrücke, 1748
„Perspective de la Facade de la Roïale Eglise Catolique, avec une part du Palais de S.M. et des Environs de Neudorff sur l'Elbe, tirée du Jardin de S.E. Mgr. Le Comte de Brühl Le Premier Ministre".

▸ **Dresden vom linken Elbufer oberhalb des Altstädter Brückenkopfes, 1748**

Salve caro Adolfo, che ci fai qui? Pensavo fossi a Vienna adesso.

Bin in Eile, zur Generalprobe mir meinen alten Musikern von der kursächsischen Staatskapelle. Hatte Sehnsucht nach ihnen. Wir spielen morgen Abend ein paar Sonaten von mir, in kleiner Besetzung.

Oh che bello!

Ich lass Dir 2 Karten in die Salzgasse schicken. Maria und Du, Ihr seid meine persönlichen Gäste. Also dann bis morgen Abend!

Grazie! Grazie Giovanni!

Ciao ciao, mio caro!

Das war der berühmte Hof-Compositeur Johann Adolf Hasse, mit dem wir eng befreundet sind. Seine Frau Faustina, la nuova sirena, lebt inzwischen in Vienna und Venezia. Sie war die beste Freundin von Felicità. Wir haben sie, wie schon erwähnt, gleich nach unsrer Ankunft in der Casa Hoffmann kennengelernt. Felicità ist verstorben als wir in Wien waren. Giovanni ist im Krieg nach Wien umgezogen und besitzt mit Faustina wie gesagt noch ein Haus in Venezia.

Von dem Pavillon dort oben auf der Mauer haben Sie einen herrlichen Blick nach Westen über die Elbe, zum Palazzo Giapponese und am bello horizonte zu den Weinbergen an den Hängen der Lösnitzberge. Diese Szenerie muss man im Morgenlicht malen!

Als mio padre im Sommer 1748 die Katholische Hofkirche malte, fehlten am Kirchturm noch die beiden oberen Geschosse. Das Hochschiff und die Glockenstube waren fertig, das Geläut fehlt heute allerdings immer noch. Immerhin standen bereits Mattielli`s Figuren auf der unteren und der oberen Balustrade, und il Evangeliste Matteo in seiner Nische ebenfalls. Der Innenausbau der Hofkirche war in vol-

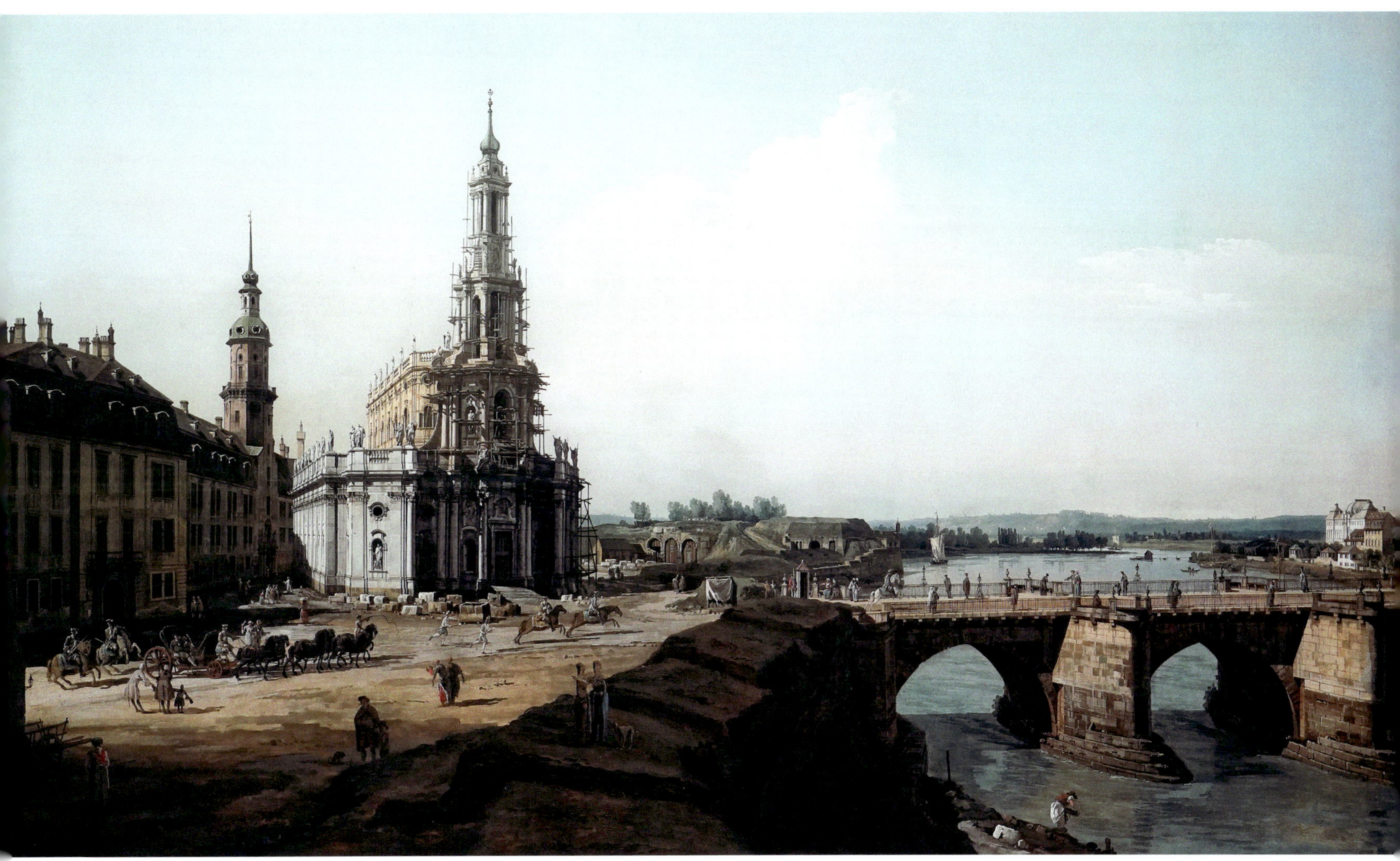

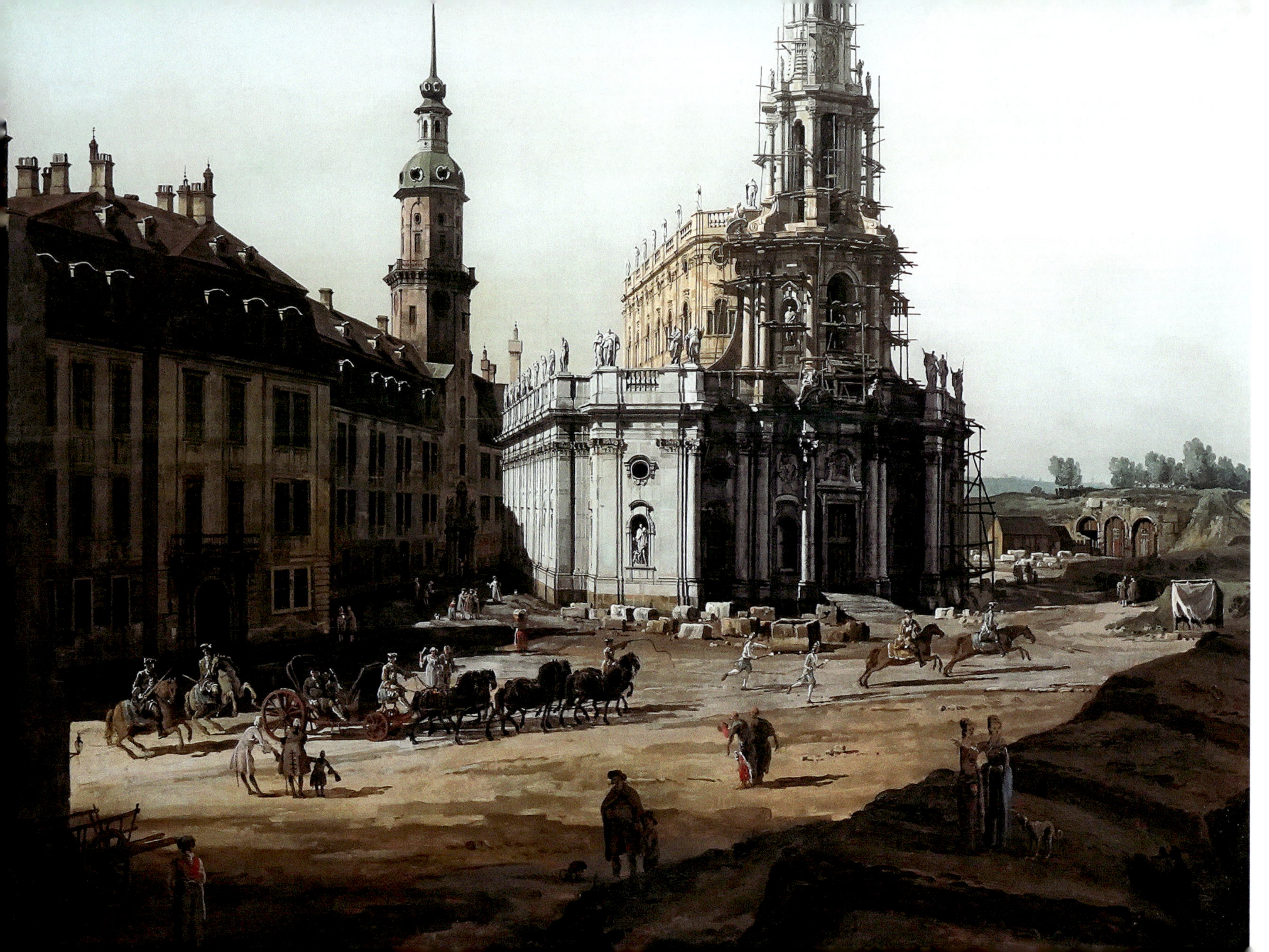

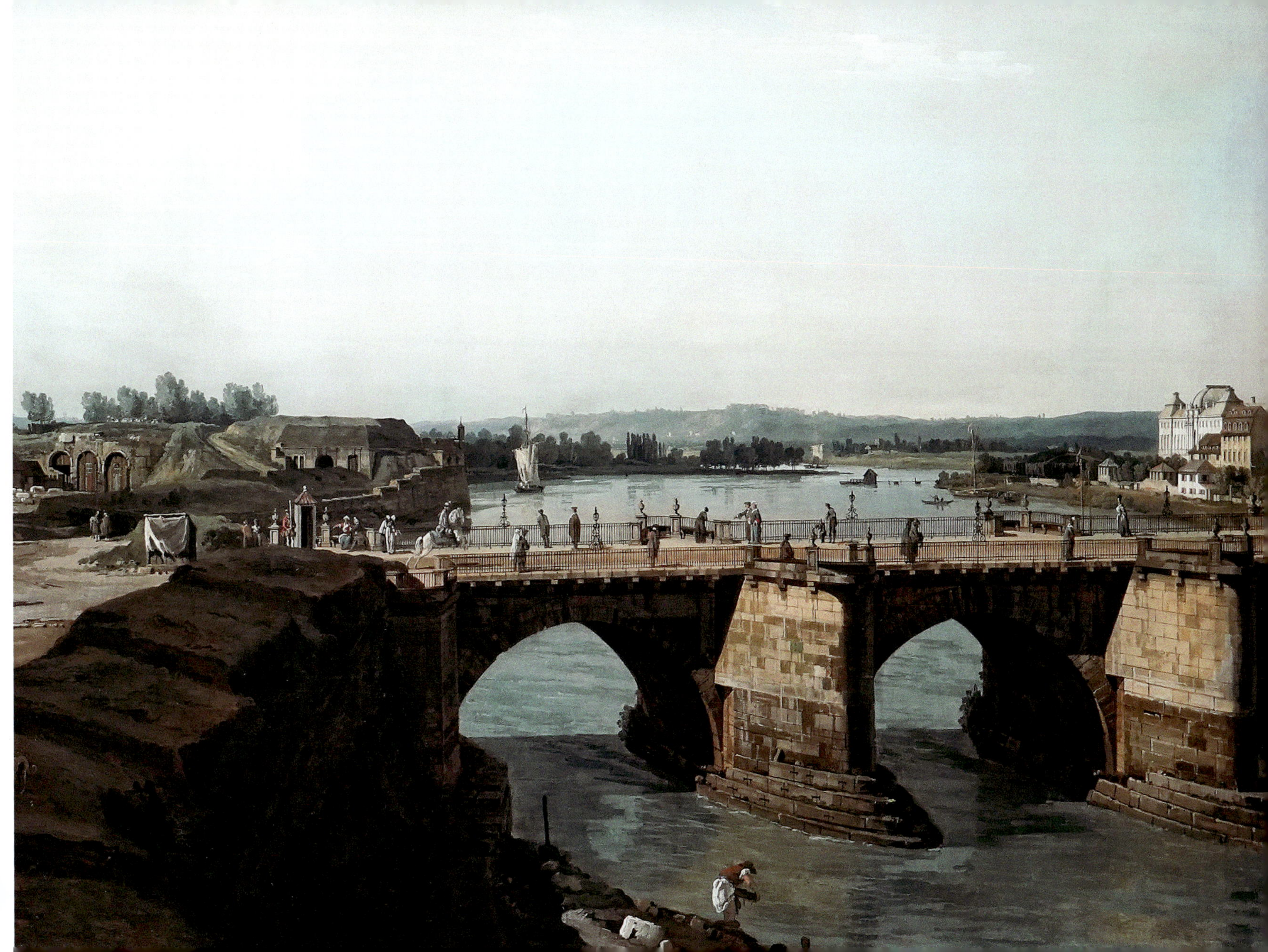

lem Gang, doch vom Gerüst für den Turm keine Spur, den hat mio padre erst im Atelier gemalt. Es hat ja dann auch noch sieben Jahre gedauert bis er fertig war. Die Kirche musste ohne Turm geweiht werden. Mio padre hat mit ein paar Sandsteinblöcken vor und hinter der Kirche angedeutet, dass bald weitergebaut würde.

Miei onorévoli signore e signori!

Ich möchte Ihnen hier und heute gestehen, dass in diesem Fall der Conte Brühl die Originalvedute ohne Turm, und Augusto III, dem der Turm so wichtig war, nur die Replik bekommen hat, die mio padre tutto completo in seinem Studio gemalt hat. Dabei war er sich ziemlich sicher, dass dies keiner seiner beiden Mäzene bemerkt hat. Falls der Conte es bemerkt haben sollte, wird er sich diebisch gefreut haben und sein Geheimnis mit ins Grab genommen haben. Allenfalls besonders intime Kenner der Dresdner Veduten könnten uns eventuell auf die Schliche kommen! Die sogenannte replica di Conte Brühl durfte mio padre mit Genehmigung von Kurfürstenwitwe Maria Antonia Walpurgis, unserer hochverehrten Mäzenin aus dem Hause Wittelsbach, aus dem Nachlass des Conte als Entschädigung für das nicht erhaltene Gehalt aus dem sächsischen Exil in Varsavia an sich nehmen, bevor Katharina die Große den Rest aufkaufte.

Mio padre hat diese Vedute, zusammen mit den anderen drei Elb-Veduten und der Vedute vom Neumarkt aus der Morenstraße, in den Londoner Kunstmarkt gegeben, um unsere prekären finanziellen Verhältnisse etwas zu verbessern.

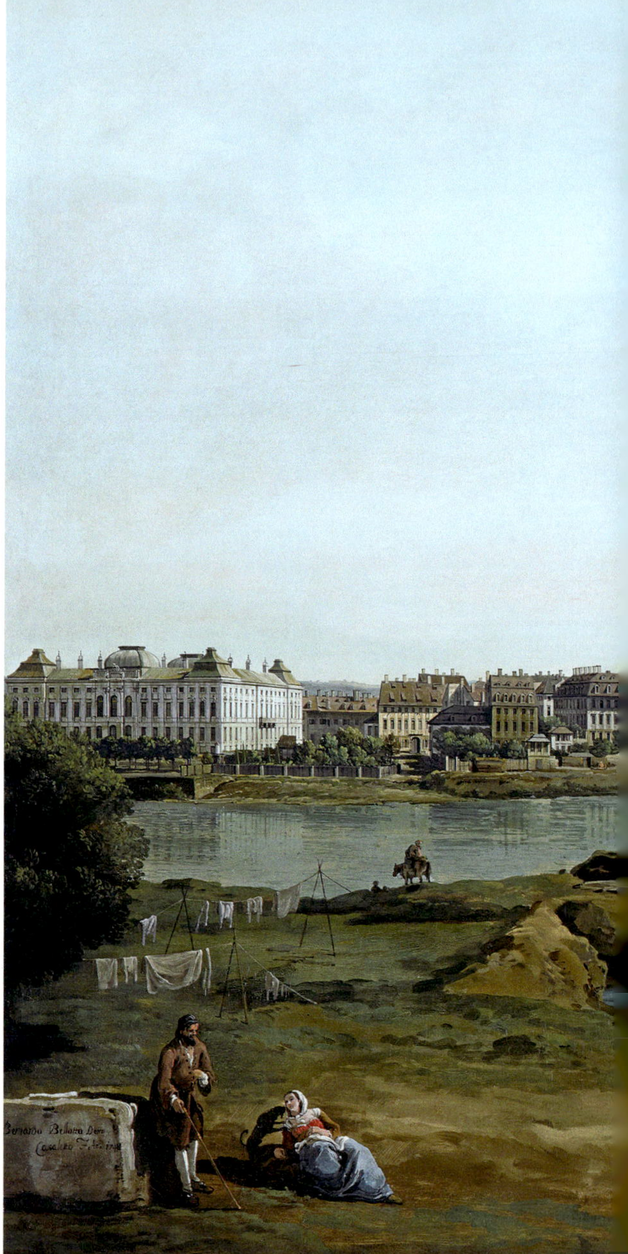

Dresden vom linken Elbufer unterhalb der Festungswerke, 1748

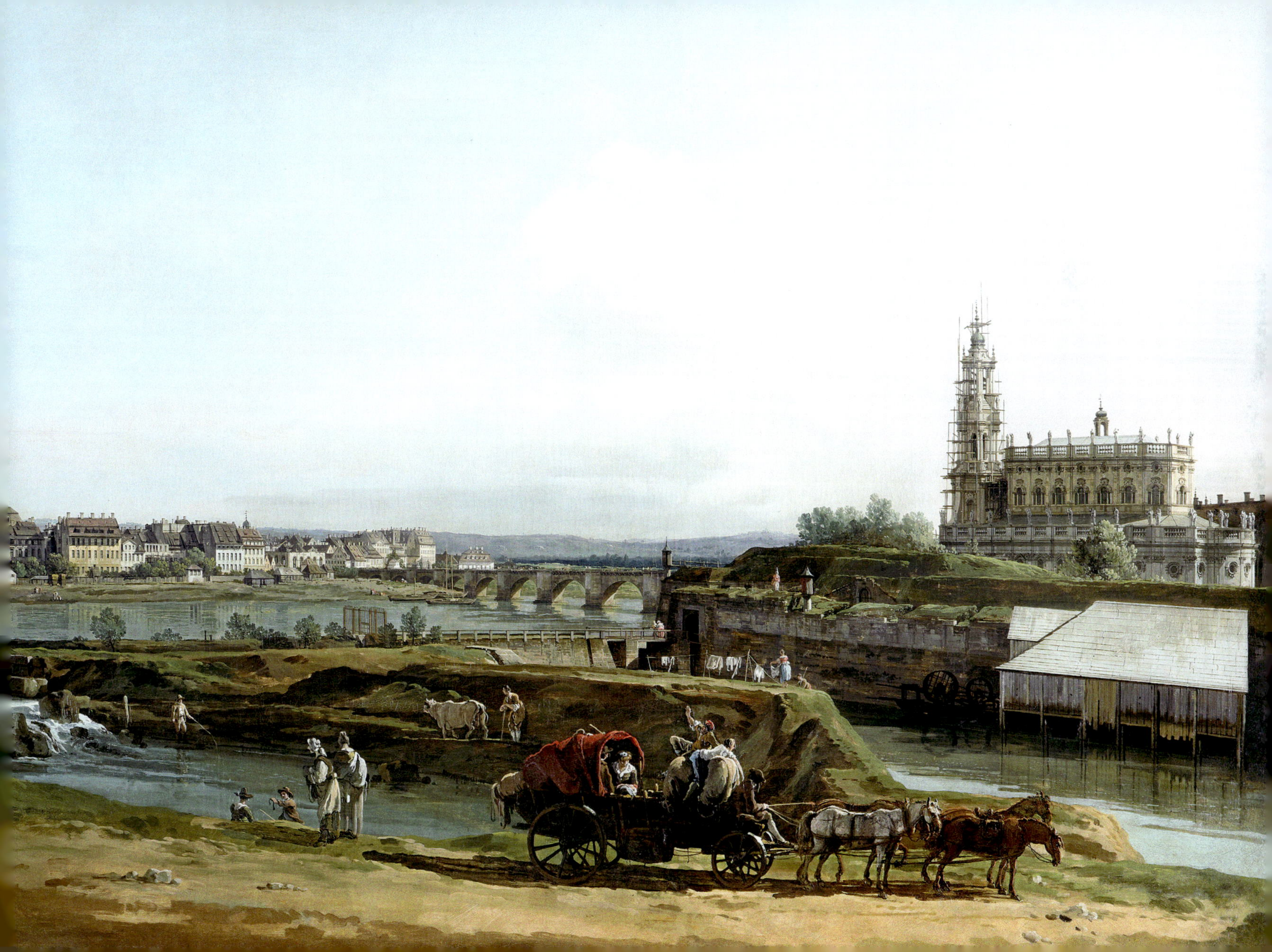

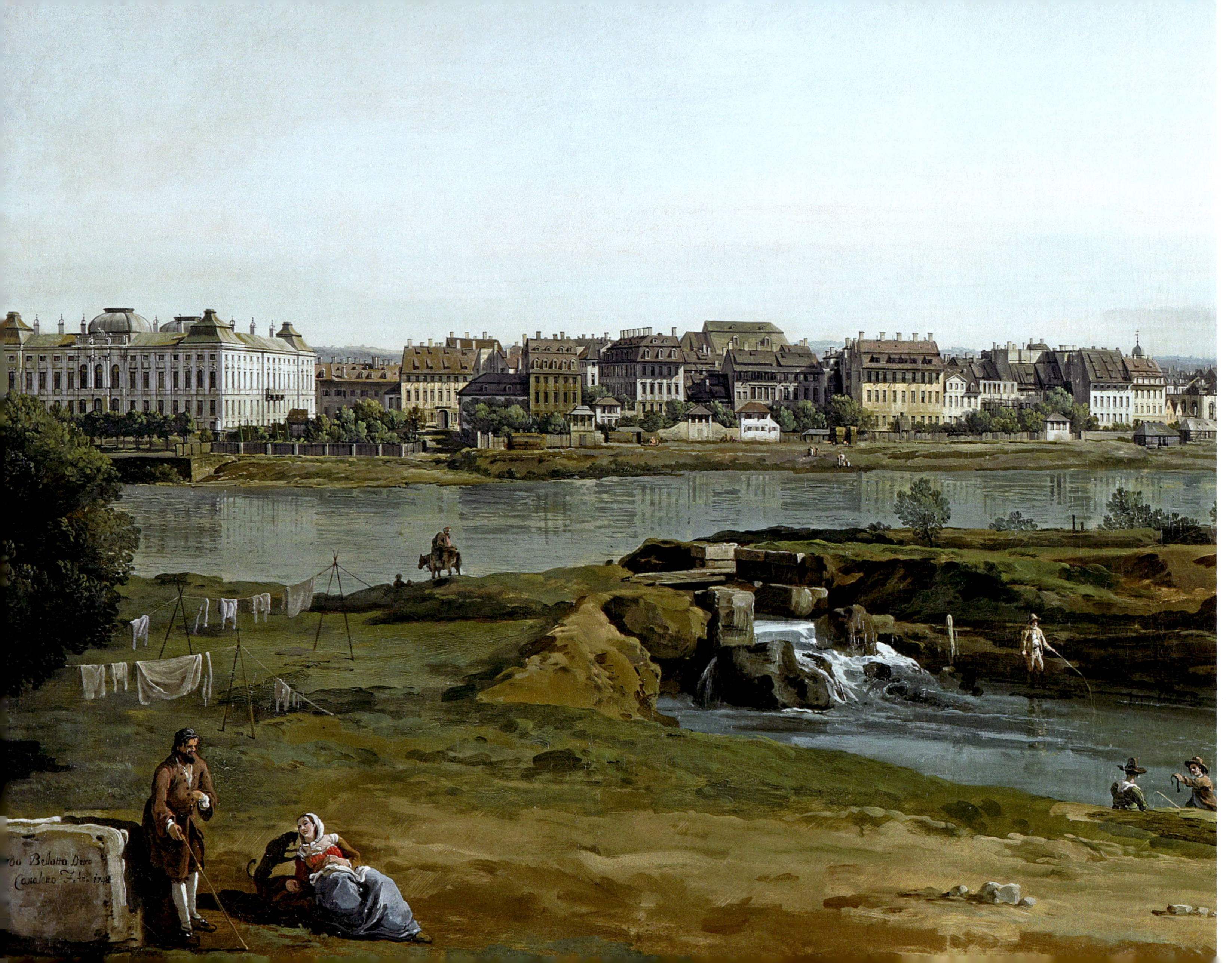

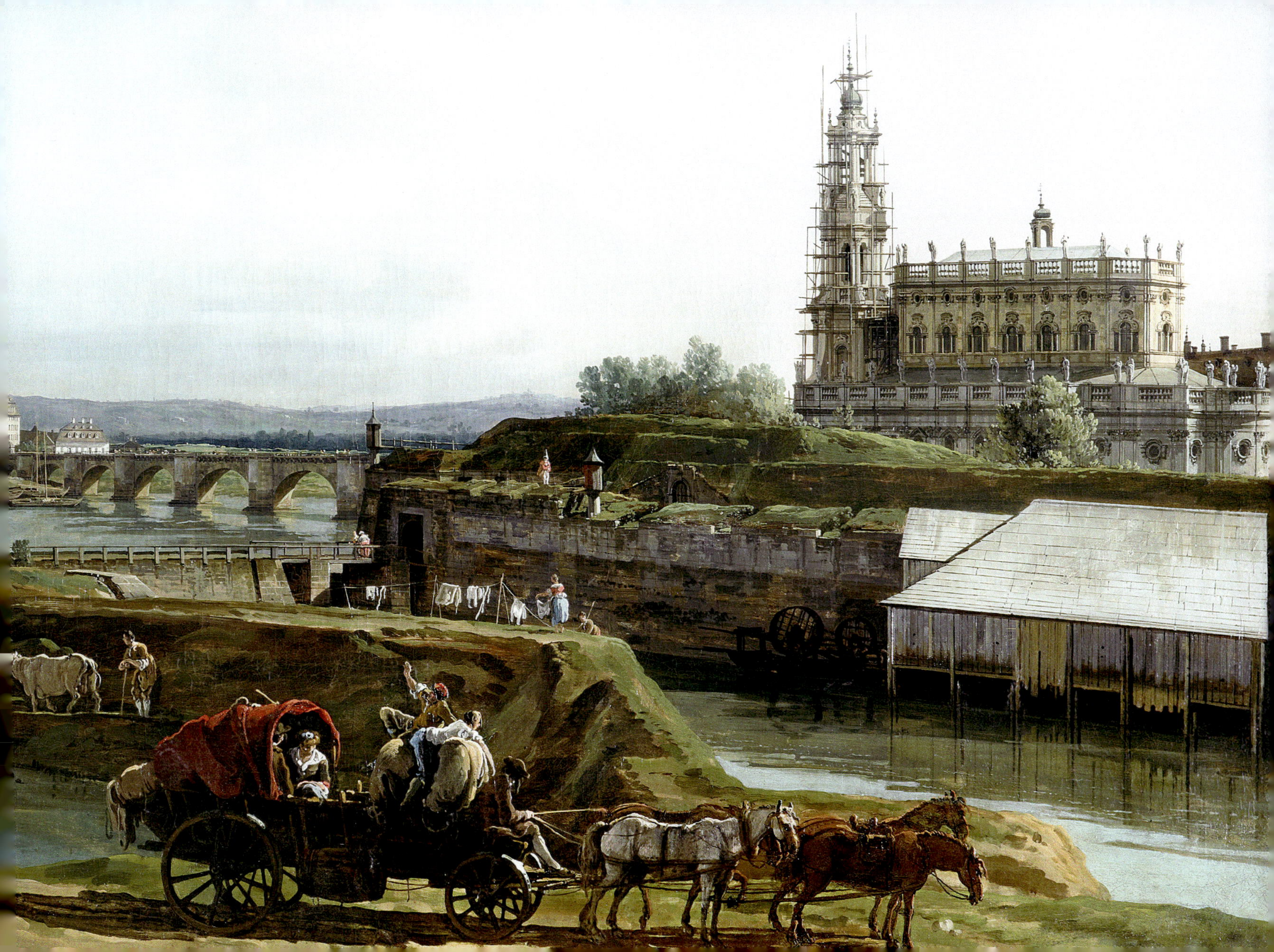

Drei Nymphen von Balthasar Permoser im Nymphenbad am Zwinger, © Claus Lieberwirth

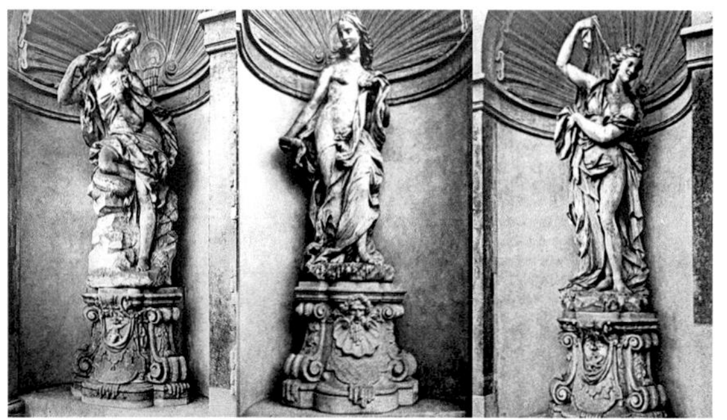

Die imaginären Turmgeschosse hat er für Augusto III im Studio ganz ordentlich gemalt und aus den bereits genannten Gründen mit ein paar Gerüststangen kaschiert, natürlich noch ohne Mattielli's Turmheilige. Das können Sie auch auf seiner Radierung dieser Vedute sehen, wiederum ohne Turmgerüst. So wohlproportioniert die Hofkirche erscheint, ihr Turm ist wohl doch etwas zu hoch geraten, wenn man ihn mit dem Hausmannsturm vergleicht. Der steht zwar etwas weiter hinten, war jedoch tatsächlich weniger wichtig. Diese malerische Freiheit hat sich mio padre eben genommen!

Rechts von der Hofkirche sehen Sie einen Teil der Festungswerke, die Kasematten der Bastion Sol, mit dem Eingang zum königlichen Weinkeller, und im Hintergrund Bäume im Ostra-Gehege. Die Bastion Sol hatte mio padre kurz zuvor von Westen, jenseits des Stadtgrabens gemalt. Den Standort werde ich Ihnen gleich vom Zwingerwall aus zeigen.

Avanti, prego, avanti!

5. STATION: ZWINGER

Miei onorévoli signore e signori!
Wir haben den Höhepunkt unseres Rundgangs erreicht. Gleich werden wir einen Blick in den Zwinger werfen, aber zuerst möchte ich Ihnen zeigen, von welcher Stelle aus mio padre seine dritte Dresdner gemalt hat, nämlich aus dem damals gerade fertiggestellten Königlichen Marstall, drüben jenseits des Stadtgrabens.

Seine Majestät hatte ja den Stallhof zu seiner Gemäldegalerie umbauen lassen und brauchte dringend Ersatz für Pferde und Wagen. An der Ostra-Allee hat er einen passenden Platz gefunden, der über das Wilsdruffer Tor gut zu erreichen war, und die Pferde konnten im Ostra-Gehege weiden und ausgeritten werden.

Zum Malen hat sich mio padre im vorderen Eckbau gegenüber der Bastion Sol im Obergeschoss einquartiert. Von dort hat man einen herrlichen Blick auf das Neustädter Ufer: vom Palazzo Giapponese über die Neubauten an der Elbe, das Blockhaus, damals noch eine Invest-Ruine – ein Sturm hatte das Dach abgedeckt – bis jenseits der Brücke zur Casa Hoffmann, wo wir ja heute Vormittag bereits waren.

Über dem Hofkirchenschiff schaut noch die Laterne der Frauenkirche hervor. Davor sehen Sie im Stadtgraben ein Bootshaus und auf der Mauer beim Ausfalltor hat mio padre einen Wachsoldaten postiert. Als Staffage hat er etwas Idyllisches gewählt, ein Pastorale am frühen Nachmittag, am

linken Bildrand Maria und Josef, jetzt als Schäferin mit Hund und Schäfer, Frauen, die Wäsche zum Trocknen aufgehängt haben, ein kleiner Wasserfall aus der Elbe in einen Fischteich, an dem geangelt wird, und ein Fuhrwerk, das sich an dieser Stelle eigentlich nur verfahren haben kann. Miei onorèvoli signore e signori!

Auf dieser Vedute haben sich meine Eltern als Schäferpaar verewigt. Meine Mutter liegend, kurz vor der Niederkunft mit meiner Schwester, ihrer ersten Dresdner Tochter, Henrike. La bella mamma mia spielt mit unserem ersten Dresdner Hündchen, das mio padre schon auf seiner berühmtesten veduta, dem Canaletto-Blick, mit unserer Heiligen Familie gemalt hat.

Wenn Sie sich den Zwingerhof von hier oben ansehen, werden Sie mir zustimmen: Er sieht ziemlich trostlos aus. Das war schon vor 14 Jahren so, als mio padre seine letzten Dresdner Veduten für Sua Maestà Augusto III malte, und es hat ihn einige Überwindung gekostet, ein so wundervolles Bauwerk in einem so beklagenswerten Zustand zu malen. Überall Zerfall!

Mio padre hat den Zwinger aus dem Wall-Pavillon heraus gemalt, aus dem Fenster dort rechts von Ihnen.

Wie Sie vielleicht wissen, ist der Zwinger von den Maestri Pöppelmann e Permoser zur Vermählung des Kurprinzen Federico Augusto II mit Erzherzogin Maria Josepha von Österreich errichtet worden.

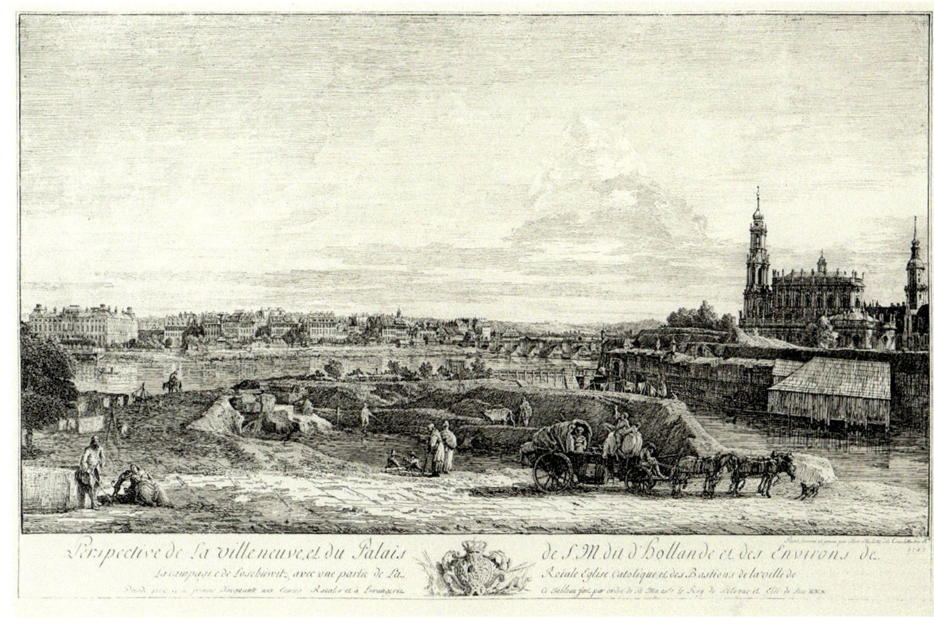

Dresden vom linken Elbufer unterhalb der Festungswerke, 1748
„Perspective de la ville neuve, et du Palais de S. M. dit d'Hollande et des Environs de La campagne de Loschúwitz, avec une partie de La Roïale Eglise catolique, et des Bastions de la ville de Dresde, prise de la prairie Joignante aux Ecuries Roïales et à l'orangerie"

Dort drüben, wo Sie die Holzwand sehen, standen bei den Feierlichkeiten Festtribünen mit einer königlichen Loge. Augusto Fortissimo soll hier herrliche Feste gefeiert haben. Sein Sohn Augusto III hatte für solche Galanterien wenig Sinn. Er hat den Zwingerhof für den allgemeinen Verkehr freigegeben und Sie sehen, er macht einen ziemlich verwahrlosten Eindruck. Das ist seit dem Bello Prussico noch schlimmer geworden. Schon als mio padre ihn malte, sah man starke Witterungsschäden, Bauschutt lag herum. Er hat deshalb in unserem Studio Bauleute,

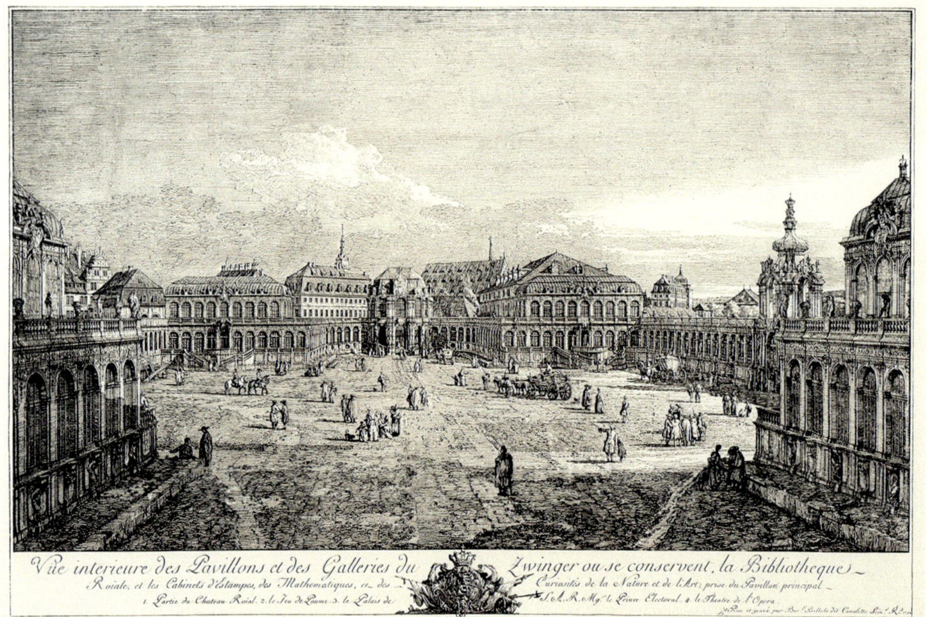

Der Zwingerhof in Dresden, 1752
„Vuë interieure des Pavillons et des Galleries du Zwinger ou se conservent, la Bibliotheque Roïale, et les Cabinets d'Estampes, des Mathematiques, et des Curiosités de la Nature et de l'Art; prise du Pavillon principal 1. Partie du Château Roïal. 2. Le Jeu de Paume"

Der Zwingerhof in Dresden, 1752

Schubkarren und einen Ochsenkarren hinein gemalt. Miei onorèvoli signori!

Sie können jetzt einen Blick ins Nymphen-Bad werfen und sich an den Nymphen di Maestro Permoser ergötzen. Die mittlere ist die mit der Muschel, die rechte kommt gerade vom Bade. Aber im Bad sprudelt leider gerade kein Wasser. Das ist jammerschade! Denn sonst hätten Sie sich hier ein wenig erfrischen können.

Leider sind die Wasserspiele in Havarie: keine Springbrunnen, keine Wasserfälle mehr! Die eiserne Zwinger-Röhre von Augusto Fortissimo, die den Palazzo Reale mit Wasser versorgt hat, ist durchgerostet. Man hat die gusseisernen Rohre inzwischen durch die üblichen ausgehölten Baumstämme ersetzt. Il Conte Brühl hat aber noch einige passable Eisenrohre in seinem Palazzo in der Friedrichstadt verlegen lassen.

Gegenüber sehen Sie den Glockenspiel-Pavillon. Die Glocken sind aus Meißner Porzellan. Flankiert wird er links von dem Deutschen Pavillon, in dem sich das Kupferstich-Kabinett befindet. Dort residierte bis vor Kurzem Enrico de Heineken, den Sie auf der veduta am Terrassengeländer sehen. Rechts davon steht der Porzellan-Pavillon. Dahinter erhebt sich das Dach des Opernhauses von Pöppelmann und weiter links das mächtige Dach der Sophienkirche, die inzwischen als evangelisch-lutherische Hofkirche dient.

Rechts hinter dem Deutschen Pavillon stand damals noch das Redouten-Haus, auf der Radierung schon das Palais Taschenbergo. Links steht immer noch la casa della commedia am Taschenbergo, in dem die katholische Hofkirche bis zur Weihe von Gaëtano's Hofkirche untergebracht war. Danach ist die ehemalige Hofkirche zu einem Ballhaus umgestaltet worden.

Früher sah man im Hintergrund noch den Turm der Kreuzkirche, der ja im vergangenen Jahr abgetragen wurde, genauer gesagt seine Westseite. Rechts im Hintergrund, hinter

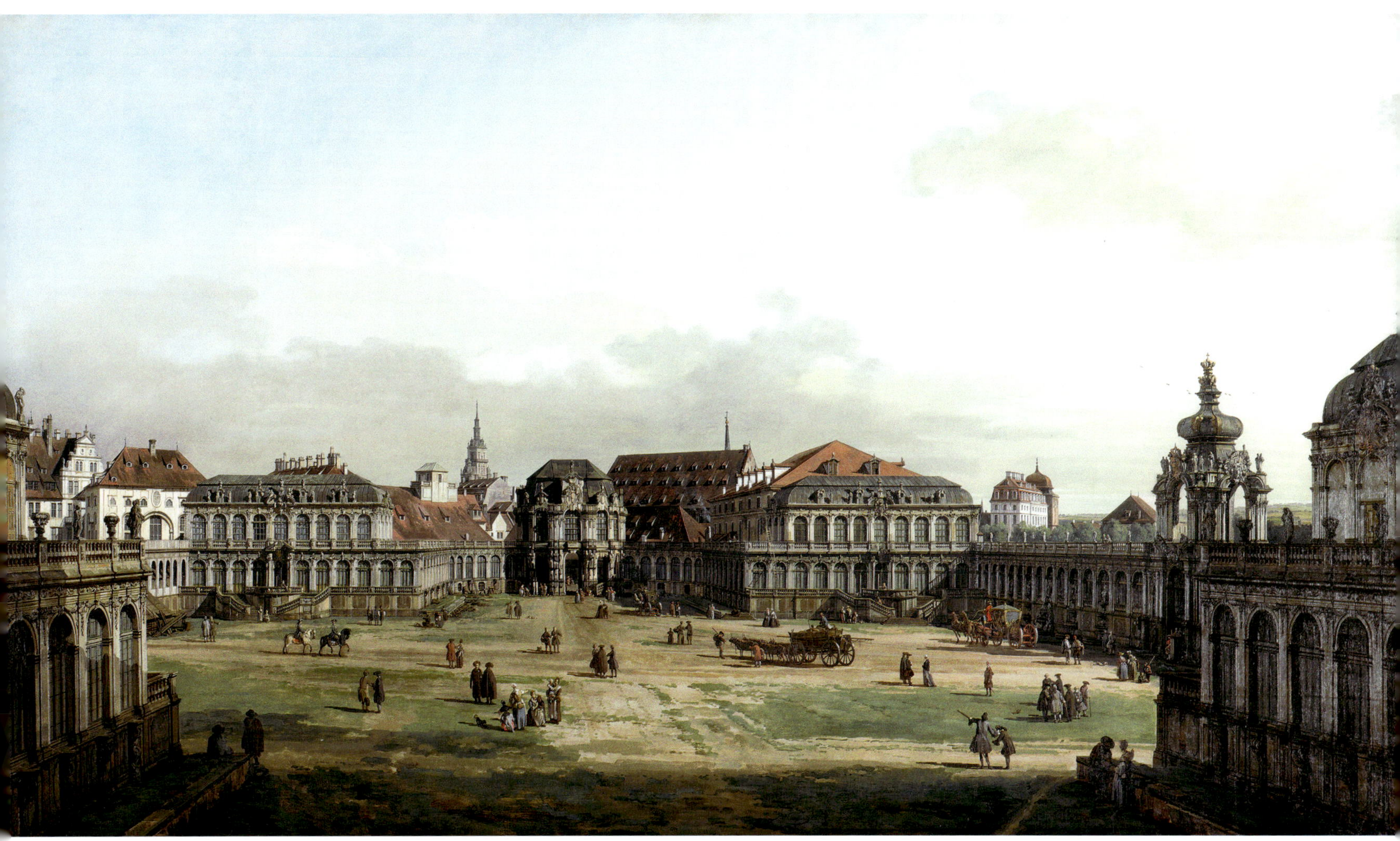

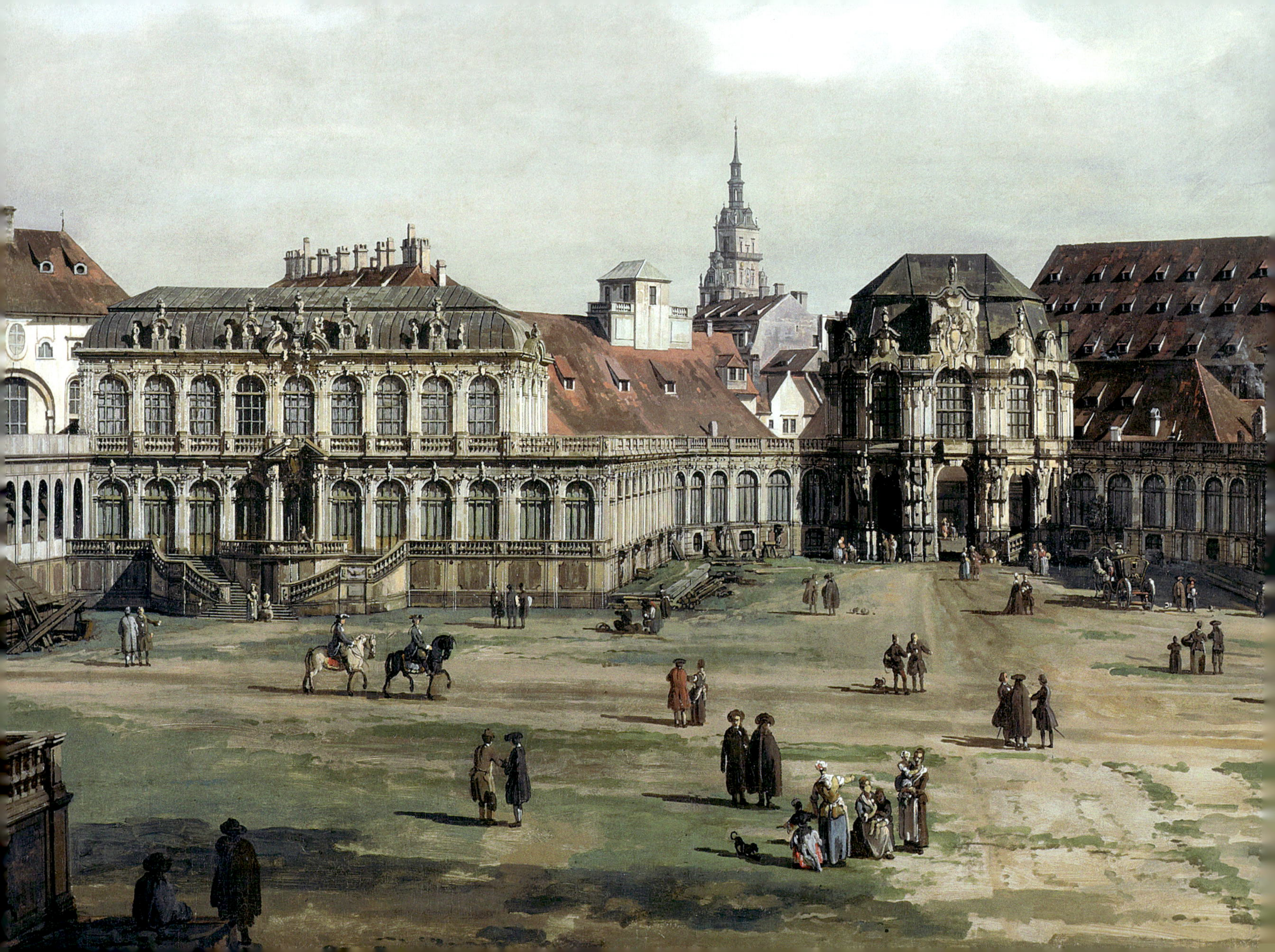

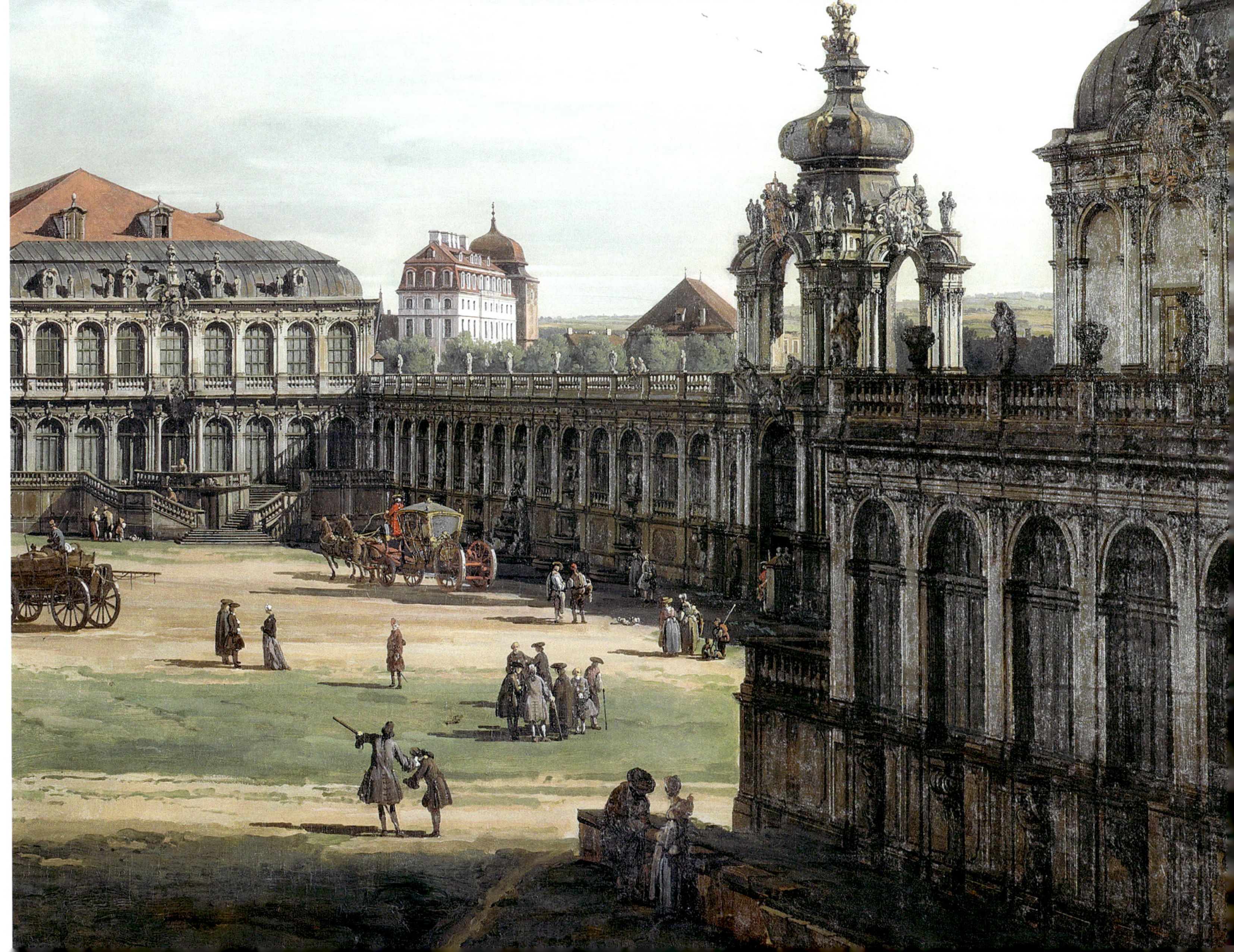

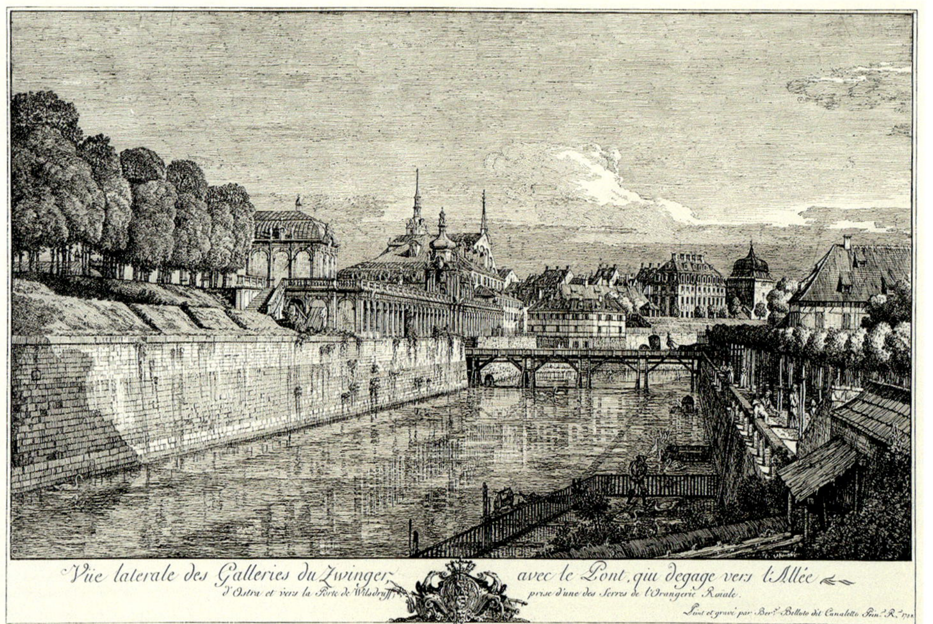

Der ehemalige Zwingergraben in Dresden, 1752

„Vuë laterale des Galleries du Zwinger, avec le Pont, qui degage vers l'Allée d'Ostra et vers la Porte de Wilsdruff; prise d'une des Serres de l'Orangerie Roïale"

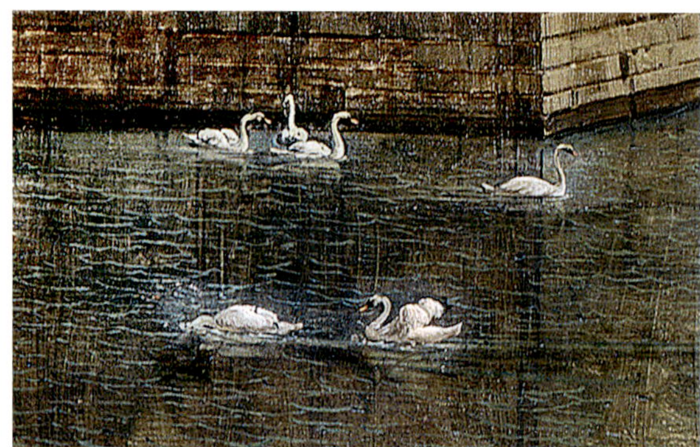

der Langgalerie, sehen Sie die Casa Adam und den Kuhturm über dem Wilschen Tor. Unter seiner welschen Haube liegt der Hochbehälter für die Wasserspiele im Zwinger. Wir werden ihn gleich noch aus der Nähe sehen, wenn wir auf der Langgalerie zum Kronentor gehen.

Signore e Signori, avanti avanti!

Wir begeben uns jetzt hinter dem Wallpavillon herum zur Langgalerie. Dort gibt es einen schönen Aussichtspunkt direkt über dem Stadtgraben, von dem aus ich Ihnen zwei weitere Veduten di mio padre erläutern möchte: la veduta di Zwingergraben und la veduta di Festungswerke am Wilschen Tor.

Von dort hinten, aus dem Obergeschoss des Gebäudes hinter der kurfürstlichen Gärtnerei an der Ostra-Allee, hat mio padre die letzte Vedute seiner Dresdner Serie Reale gemalt. Es ist der Blick auf den Stadtgraben mit der Scharfen Ecke der Luna-Bastei. Mio padre hat sie in einem warmen Licht, in einer Feierabendstimmung gemalt. Der Mathematisch-Physikalische Salon kommt ins Blickfeld, und die Langgalerie mit dem Kronentor, aus dem eine Holzbrücke über den Stadtgraben führt. Dahinter macht er einen leichten Knick zur Saturn-Bastei, und Sie sehen wieder die Casa Adam neben dem Kuhturm am Wilschen Tor. Der Zwinger spiegelt sich malerisch im Wasser, man promeniert in der Anlage an der Ostra-Allee, die hinten durch den Fachwerkbau des Malersaals begrenzt wird. Im Malersaal werden die Requisiten für das Opernhaus angefertigt. Hier sonnt man sich gern in der Abendsonne.

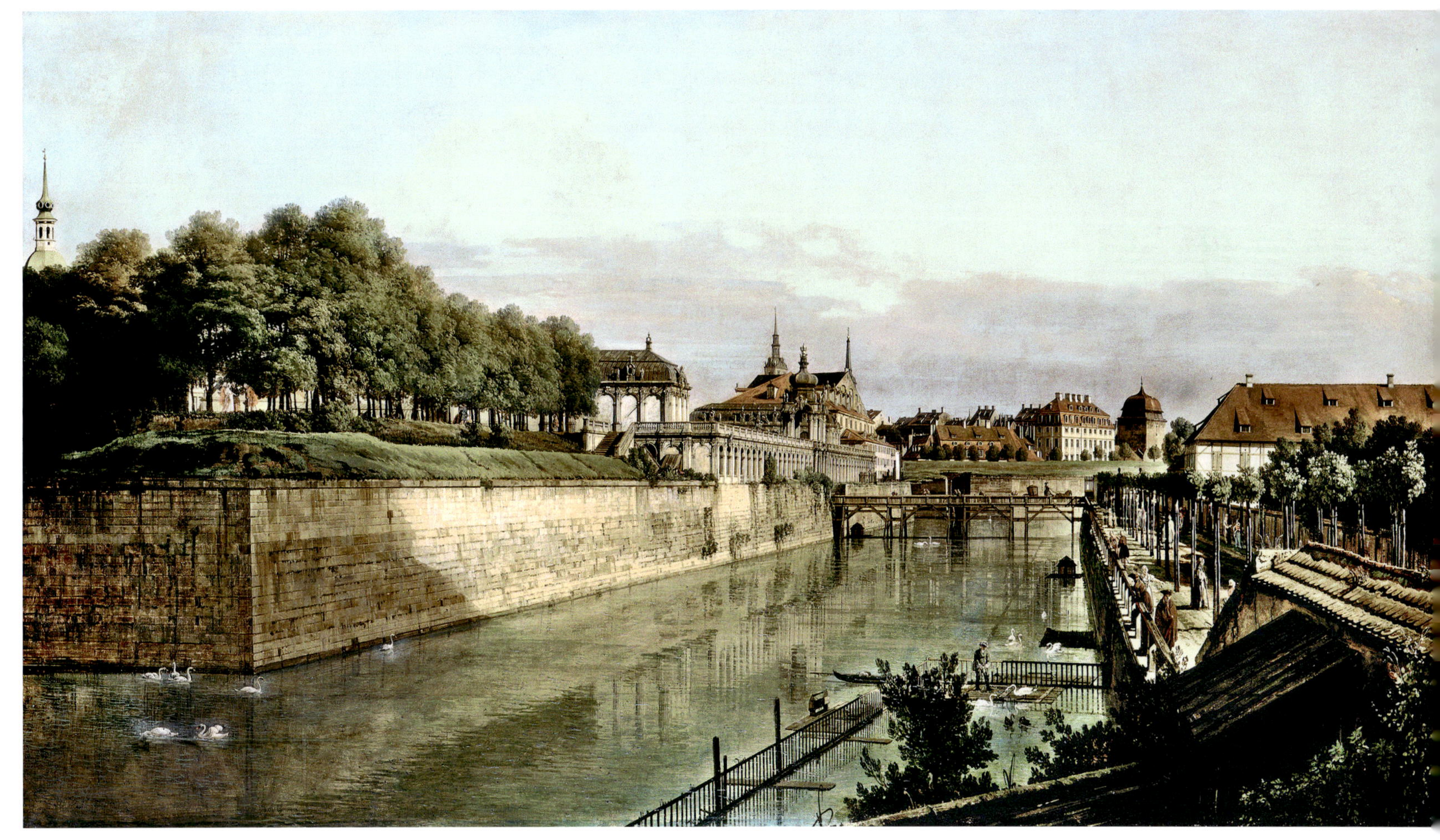

Der Zwingergraben in Dresden, 1752

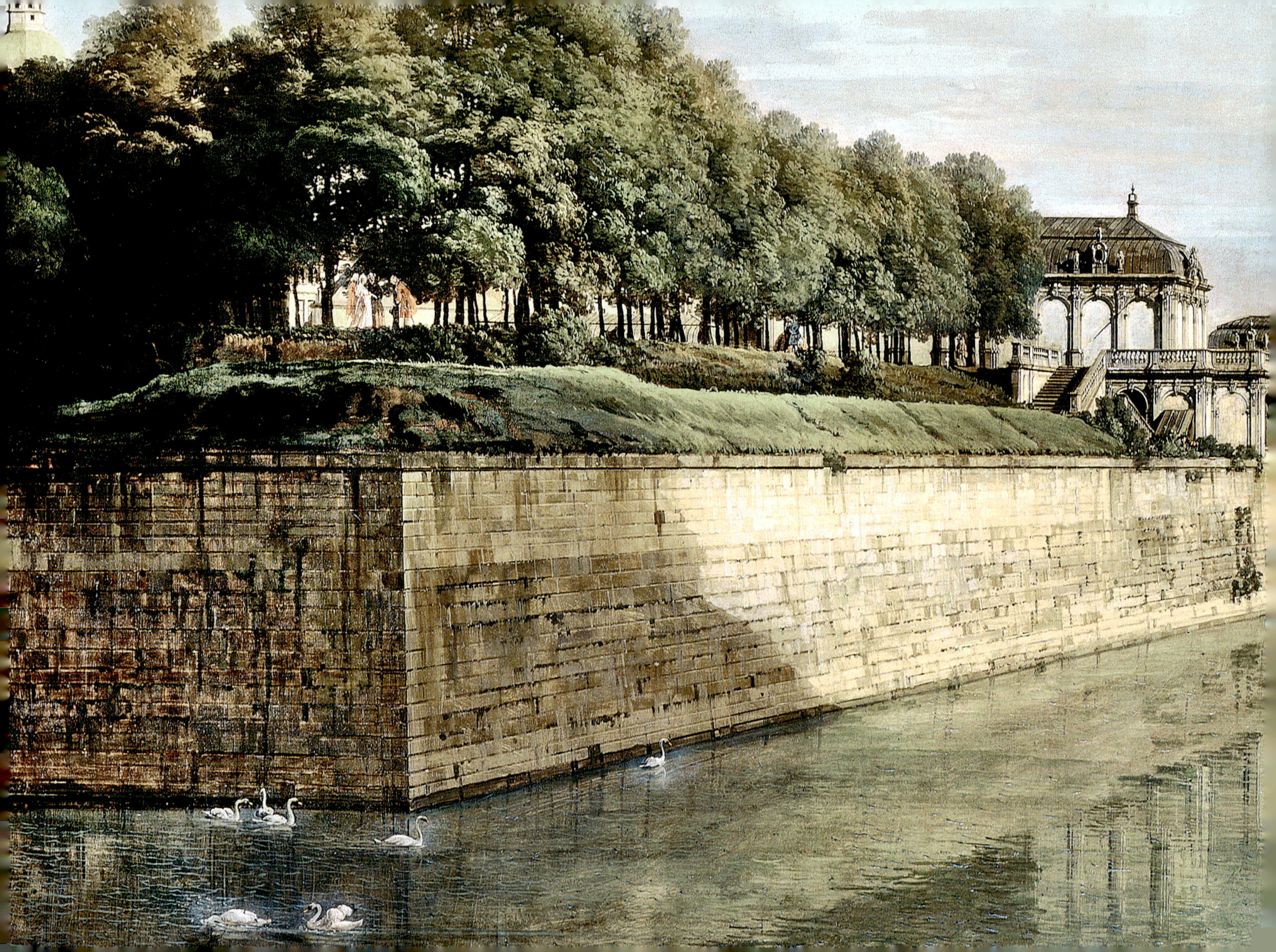

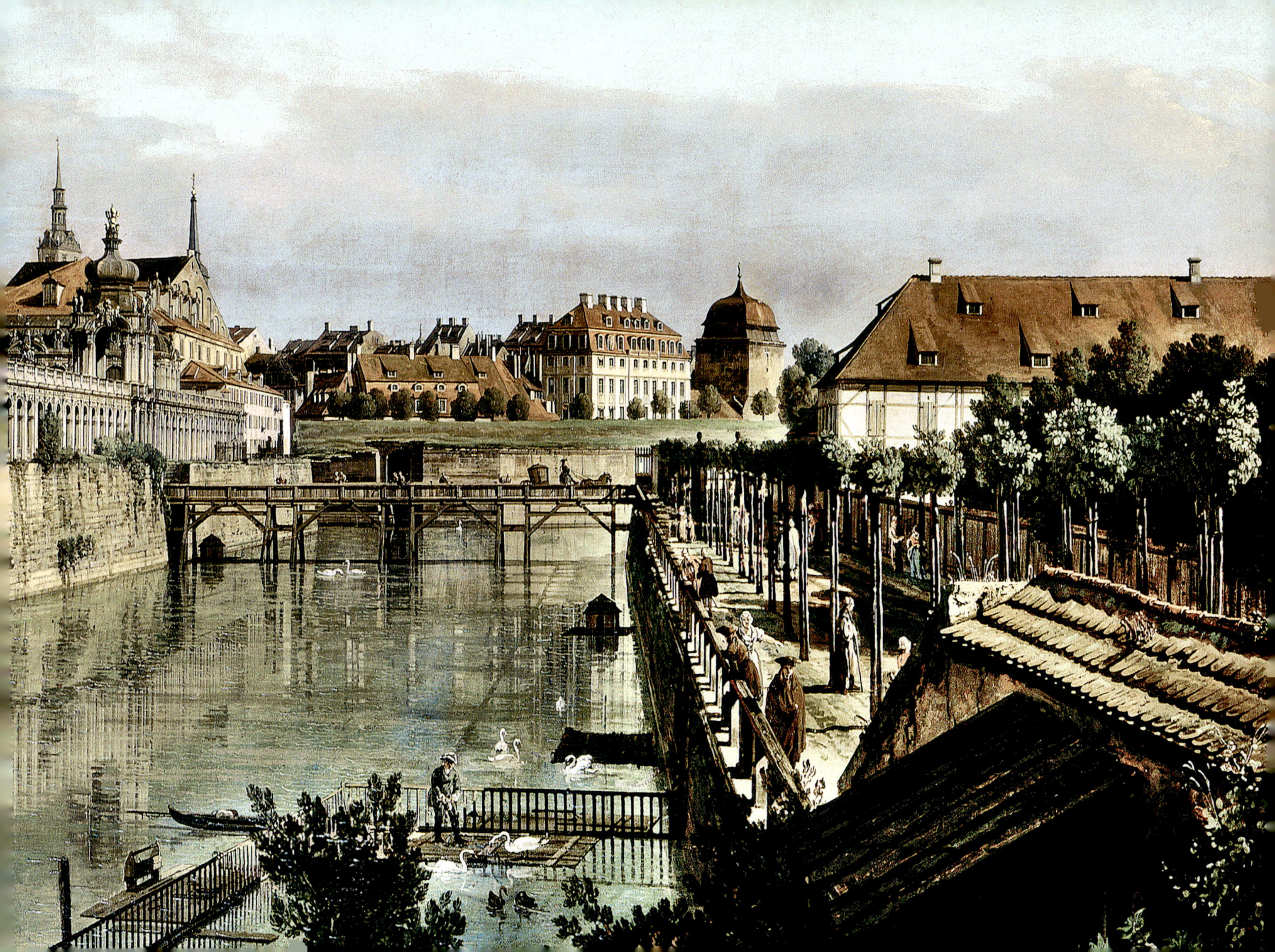

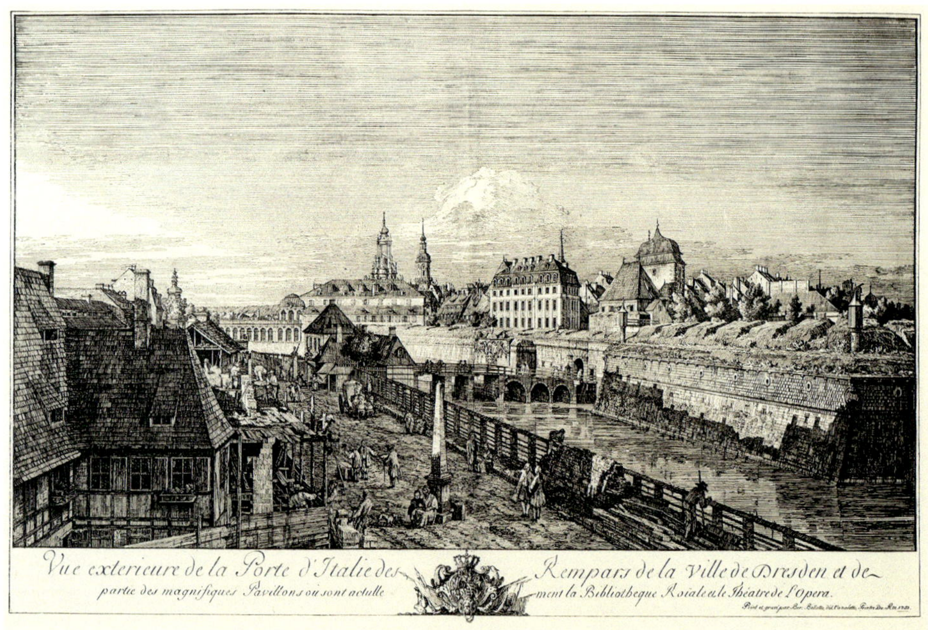

Die ehemaligen Festungswerke in Dresden, 1749

„Vue exterieure de la Porte d'Italie des Rempars de la Ville de Dresden et de partie des magnifiques Pavillons ou sont actuellement magnifiques Pavillons ou sont actuellement la Bibliotheque Roïale et le Théatre de l'Opera."

Wir gehen jetzt ein paar Schritte in Richtung Porzellan-Pavillon.
Avanti, prego, avanti!

Von dieser Stelle haben wir einen guten Blick auf das Wilsche Tor. Am rechten Brückenkopf steht das Akzishaus, das man passieren muss, um über die Brücke durch das tiefliegende Stadttor in die Stadt zu gelangen. Jenseits der Brücke liegt das Männerspital, aus dessen Obergeschoss mio padre seine

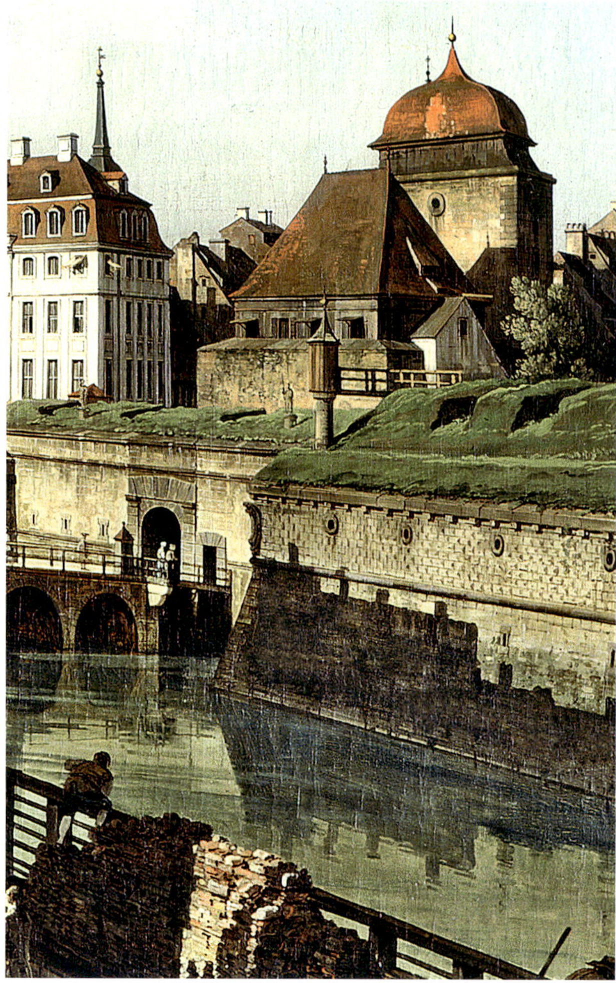

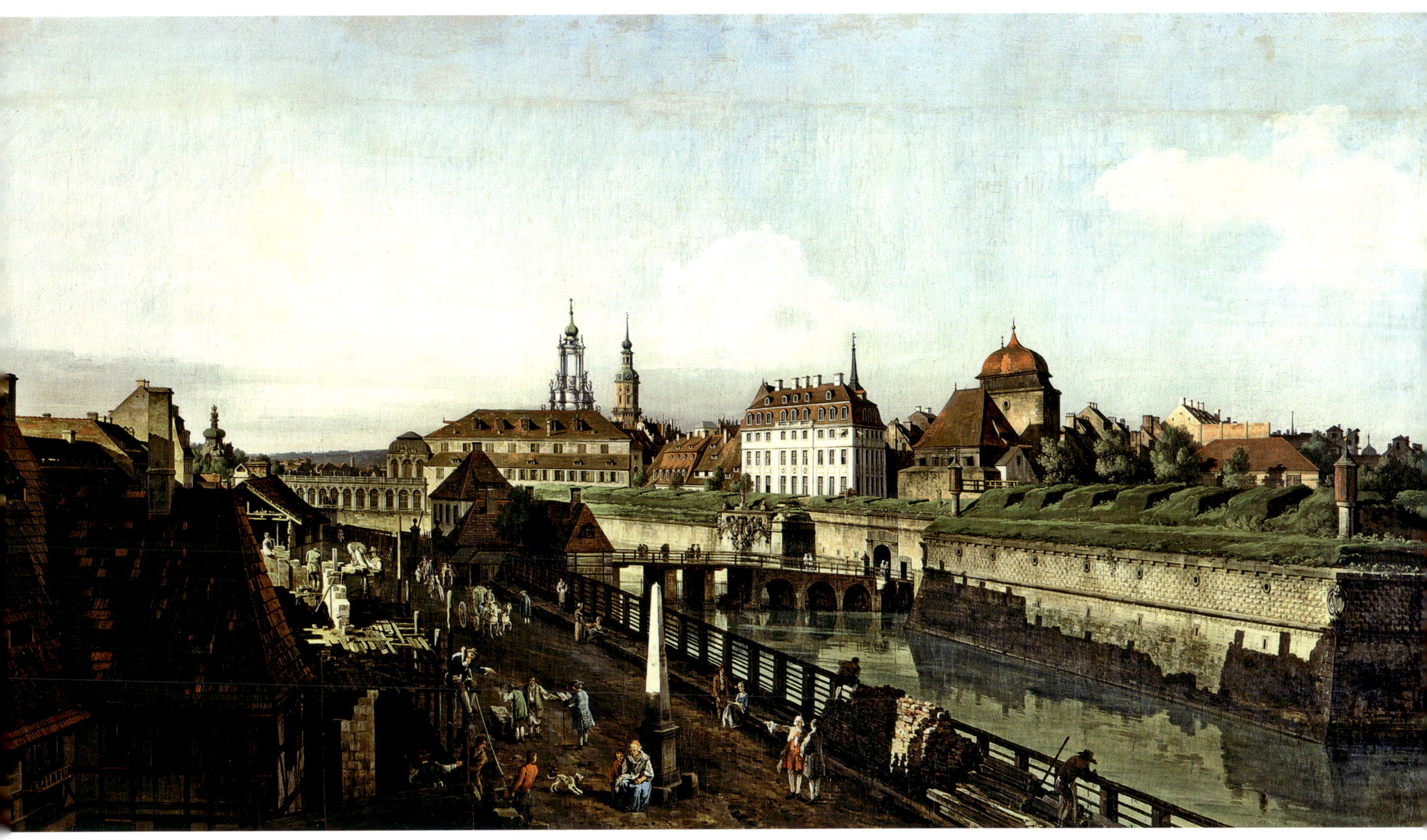

Die ehemaligen Festungswerke in Dresden, 1749

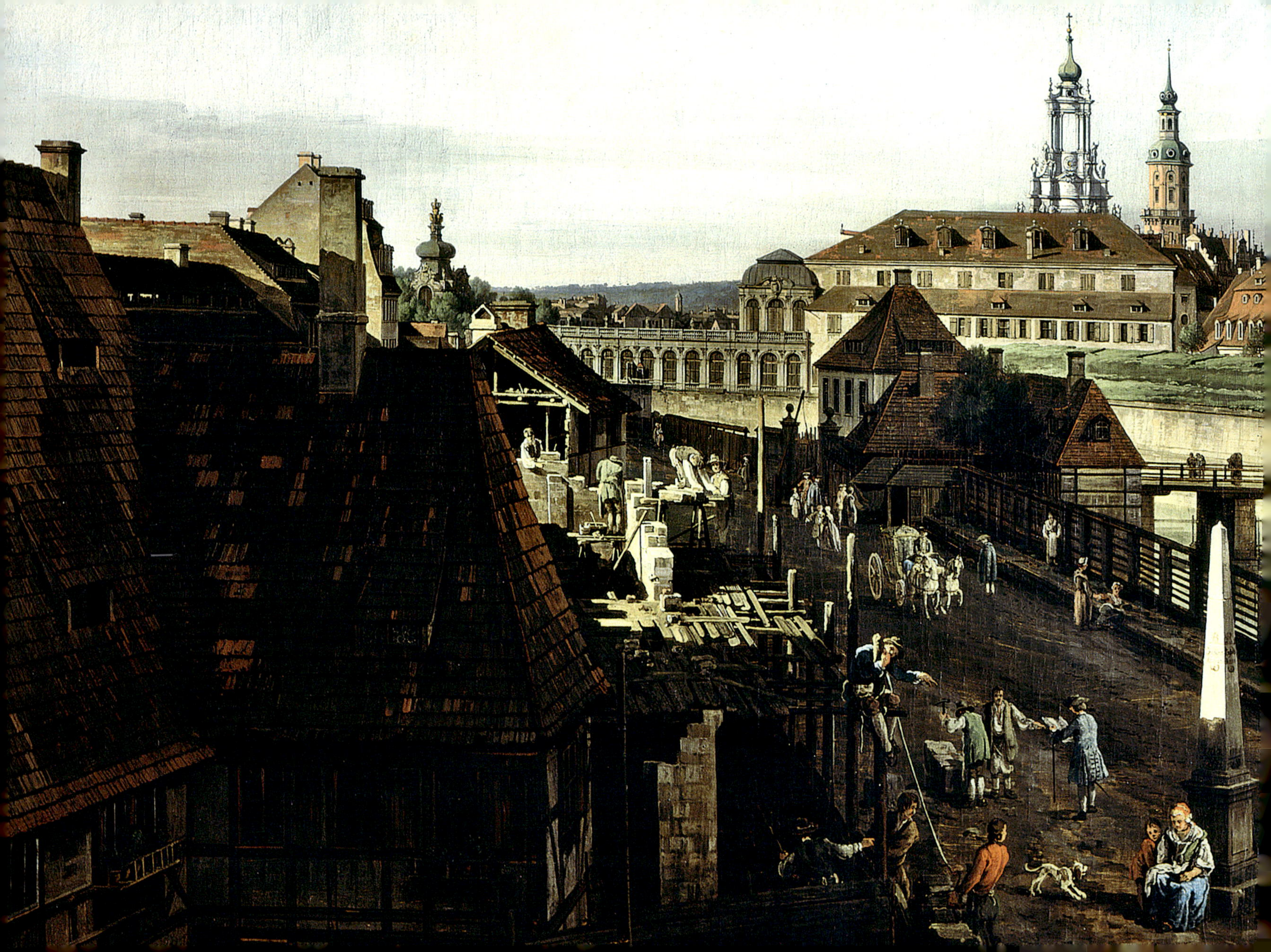

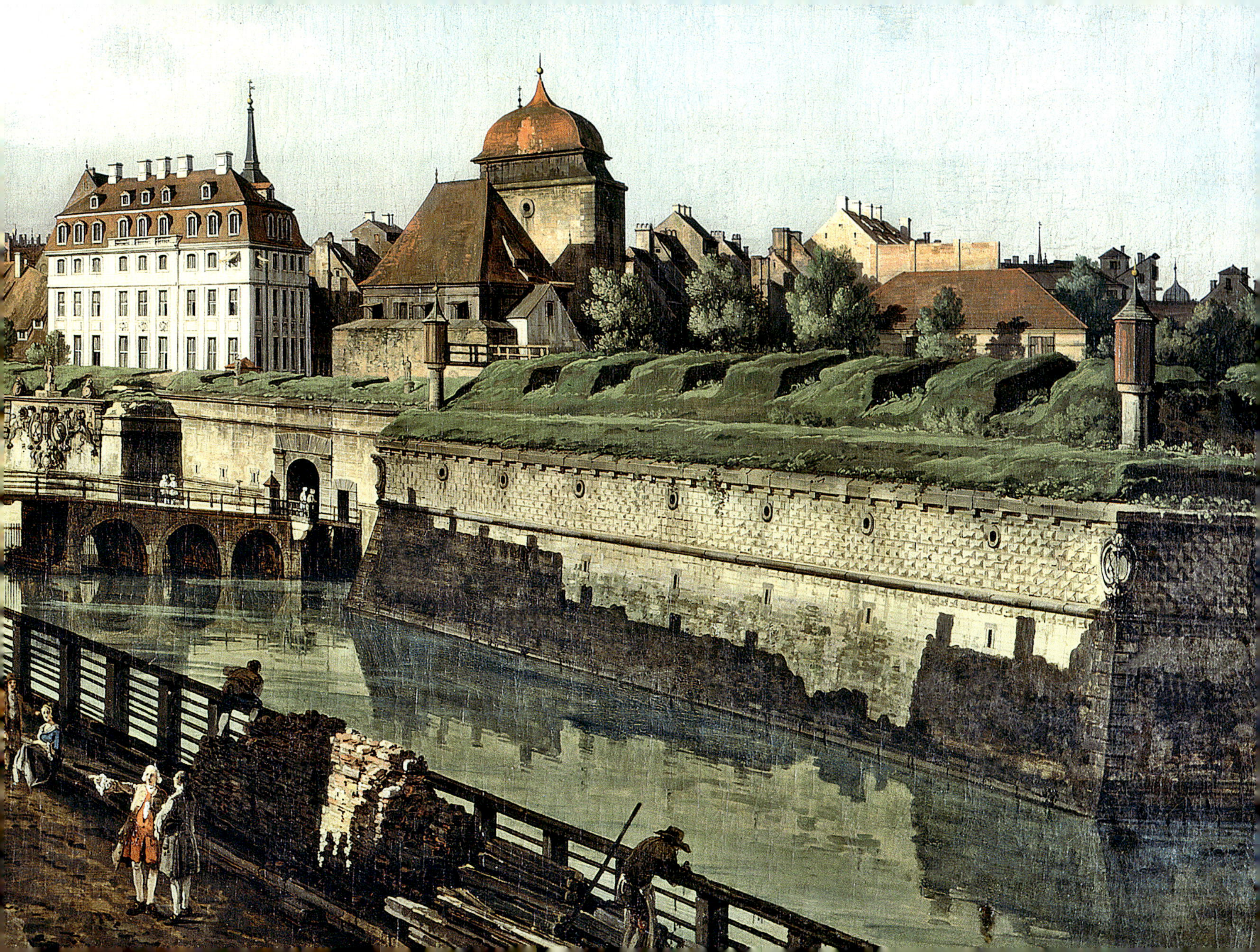

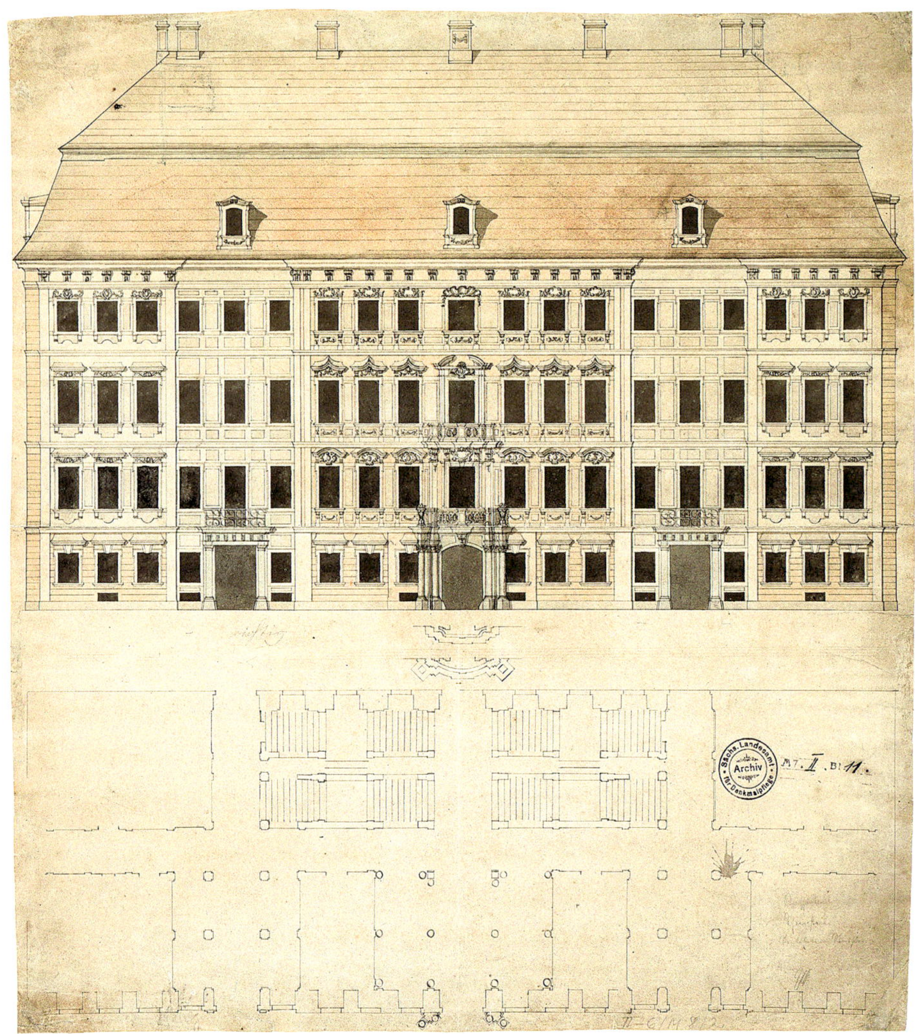

fünfte Dresdner Vedute gemalt hat, mit Blickrichtung Zwinger. Von dort aus erscheint der Turm der Hofkirche über dem Opernhaus links neben Hausmannturm. Als mio padre damals die veduta malte, war von dem Kirchturm allerdings noch nichts zu sehen, nicht einmal ansatzweise! Wenn Sie heute von der Wilsdruffer Vorstadt in Richtung Hofkirche schauen, sind Sie erstaunt: Der Kirchturm sieht ganz anders aus als auf der Vedute und der Radierung, wesentlich schlanker, und nicht höher als der Hausmannturm!
Da hat sich mio padre in den Proportionen ganz schön verhauen, wir geben es zu.

Das Wilsche Tor ist natürlich kein Welsches Tor! Vor diesem Tor sieht es heute ziemlich trostlos aus. Der preußische Stadtkommandant hat im November 1758 angeordnet, dort alle Häuser niederzubrennen, um freies Schussfeld für die Stadtverteidigung zu bekommen.

Wir haben das noch miterlebt, bevor wir nach Wien geflüchtet sind. Auf der Vedute hat mio padre im Vordergrund ein Haus gemalt, das gerade hochgemauert wird. Die Bauleute sind am frühen Abend noch geschäftig am Werk. Auch die königlich sächsische Weg-Säule wird noch von der tief stehenden Sonne angestrahlt. Wenn die Bauleute gewusst hätten, dass dieses Haus nur zehn Jahre stehen würde! Im darauffolgenden Jahr hat der gleiche Stadtkommandant dann auch noch die Pirnaische Vorstadt niederbrennen lassen, um vor dem Pirnaischen Tor freies Schussfeld zu bekommen. Trotzdem hat il comandante prussico mit seiner Besatzung die Stadt räumen müssen.

Allerdings durfte er seine Geld-Truhe mitnehmen.

Als il Re Prussico im Jahr darauf Dresden wieder zurück erobern wollte, hat er die Stadt vier Wochen lang bombardieren lassen, musste dann aber im August 1760 unverrichteter Dinge abziehen. Die Spuren des Bombardements, bei dem wir in der Salzgasse wie erwähnt unser Hab und Gut verloren haben, diese Spuren, das heißt die Ruinen, sind in der Altstadt noch heute allgegenwärtig. Ich werde sie Ihnen heute Nachmittag zeigen.
Miei onorévoli signore e signori!

Wir sind am Palazzo Taschenbergo angelangt, dem Ende von Teil 1 der Stadtführung.

Sie haben sich eine Pause verdient. Im Palazzo Taschenbergo hat Ihre Gastgeberin, La Vedova Graziosa Maria Antonia Walpurga alles für Sie vorbereiten lassen.

Wir wünschen gut zu speisen und zu erholen von dem ersten Teil unserer Stadtführung.

Nach der Siesta, die Sie sich ebenfalls verdient haben, werden wir sie hier in zwei Stunden abholen zu einem für Sie hoffentlich ebenso interessanten Spaziergang durch die Dresdner Altstadt.

Buon giorno e arrivederci, miei nobilissime Signore e Signori!

TEIL 2: SPAZIERGANG AM NACHMITTAG

6. STATION: NEUMARKT

Miei onorévole signore e signori!
Haben Sie neue Kraft getankt für den zweiten Teil unserer Stadtführung?

Wir werden Ihnen nun die Schönheiten der Altstadt am Neumarkt und am Altmark zeigen, dazwischen am Pirnaischen Tor einen Blick auf die Ruinen der Pirnaischen Vorstadt werfen. Ich werde Sie an alle acht Standorte führen, an denen mio padre seine übrigen vedute di Dresda gemalt hat.

Wir gehen nun zwischen Schloss und Taschenbergpalais hindurch in Richtung Frauenkirche. Zwischen Schloss und Taschenbergpalais gab es einmal eine Brückenverbindung, in der Zeit als Augusto Fortissimo und Contessina Cosel noch ein Herz und eine Seele waren. Als die Beziehung zu Ende war, hat Augusto Fortissimo die Brücke zu dem Palazzo, den er seiner Mätresse Coselli geschenkt hatte, ostentativ abbrechen lassen.

An der Schlossgasse machen wir einen kleinen Abstecher nach rechts bis zu dem Eckhaus am Altmarkt, aus dem mio padre die 1. Altmarkt- Vedute gemalt hat, mit dem Blick quer hinüber zur ehemaligen Kreuzkirche über den Altmarkt in der Abendsonne. Dann kommen wir wieder zurück und gehen durch die Sporergasse zum Neumarkt.

◂ **Matthäus Daniel Pöppelmann, Taschenberg-Palais, Ansicht von Westen nebst Grundriss, 1705**

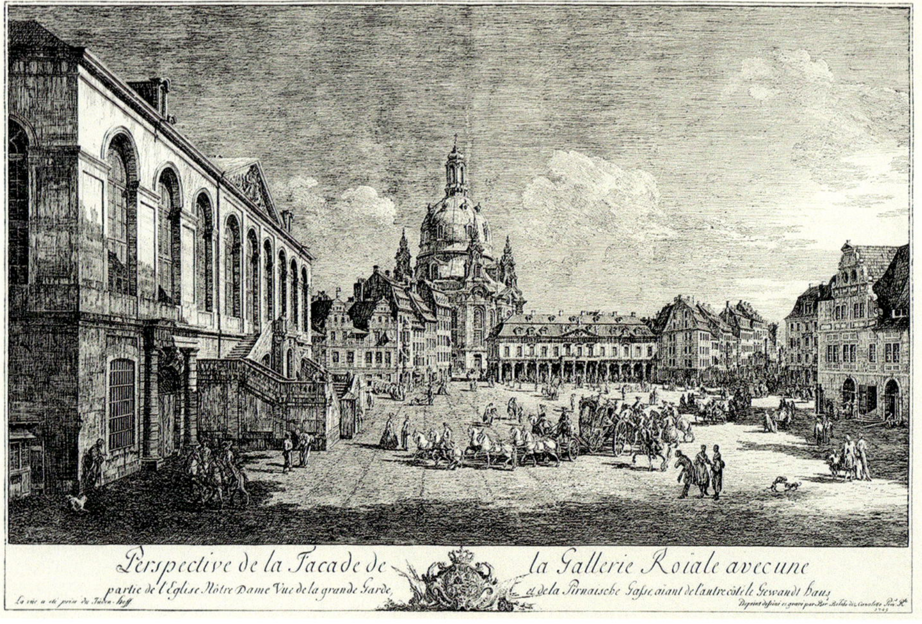

Der Neumarkt zu Dresden vom Jüdenhofe aus, 1749
„Perspective de la Facade de la Gallerie Roïale de Dresden et partie de L'eglise Notre Dame Vue de la grande Garde et de la Pirnaische Gasse aiant de l'autre cote le Gewandt Haus"

Der Neumarkt in Dresden vom Jüdenhofe aus, 1749

Ach wen sehe ich denn da? Das ist doch Signor Caesare, unser ehemaliger Hausherr, der Oberzeugschreiber und Oberkriegskommissar a.D. Giovanni Carlo Caesare. Er hat sein Haus in der Salzgasse, in dem wir so lange schon wohnen, vor drei Jahren dem Reichsgrafen Friedrich August Coselli verkauft, damit der sich dort endlich einen palazzo zentrale bauen lassen kann. Mit dem Verkaufserlös baut Carlo Caesare hier gerade eine neue meravigliosa Casa Caesare.

Salve Signor Caesare come sta? Ha fatto grandi progressi nella sua nuova casa.

Ach Canaletto, auf die Bauarbeiter ist heutzutage kein Verlass mehr. Es gibt so viel aufzubauen in Dresden, dass die Bauunternehmer immer höhere Preise fordern und den Bauherrn dann warten lassen. Ich muss sie ständig anfeuern: Avanti avanti! Wir haben jetzt wieder italienische Gastarbeiter hier, wie zu Augusts Zeiten. Unser Oberlandbaumeister Knöffel, selig, hätte seine wahre Freude mit ihnen.

Ma la sua casa é meravigliosa Signor Caesare! Andrà sicuramente sotto la protezione dei monumenti storici. Arrivederci!

Avanti, prego, avanti!

Lassen Sie uns hier am Eingang zum Jüdenhof einen Moment verweilen! Vor uns erhebt sich majestätisch die Frauenkirche, ein Juwel der Baukunst, das mich ein wenig an Santa Maria della Salute in Venedig erinnert. George Bähr hat diesen Kuppelbau aus Stein geschaffen, den schönsten nördlich der Alpen.

Für Gaëtano Chiaveri war die protestantische Frauenkirche eine große Herausforderung. Am liebsten hätte er die steinerne Kuppel wieder abtragen lassen, angeblich sei sie nicht standfest. Er musste es ja wissen, denn schließlich hatte er sogar die Statik des Peterdoms in Rom gerechnet. Aber nun steht sie hier so majestätisch, und auch das Zielschießen des preußischen Königs hat ihr nichts anhaben können. Auch der Innenraum dieser Kirche ist ganz vorzüglich gestaltet.

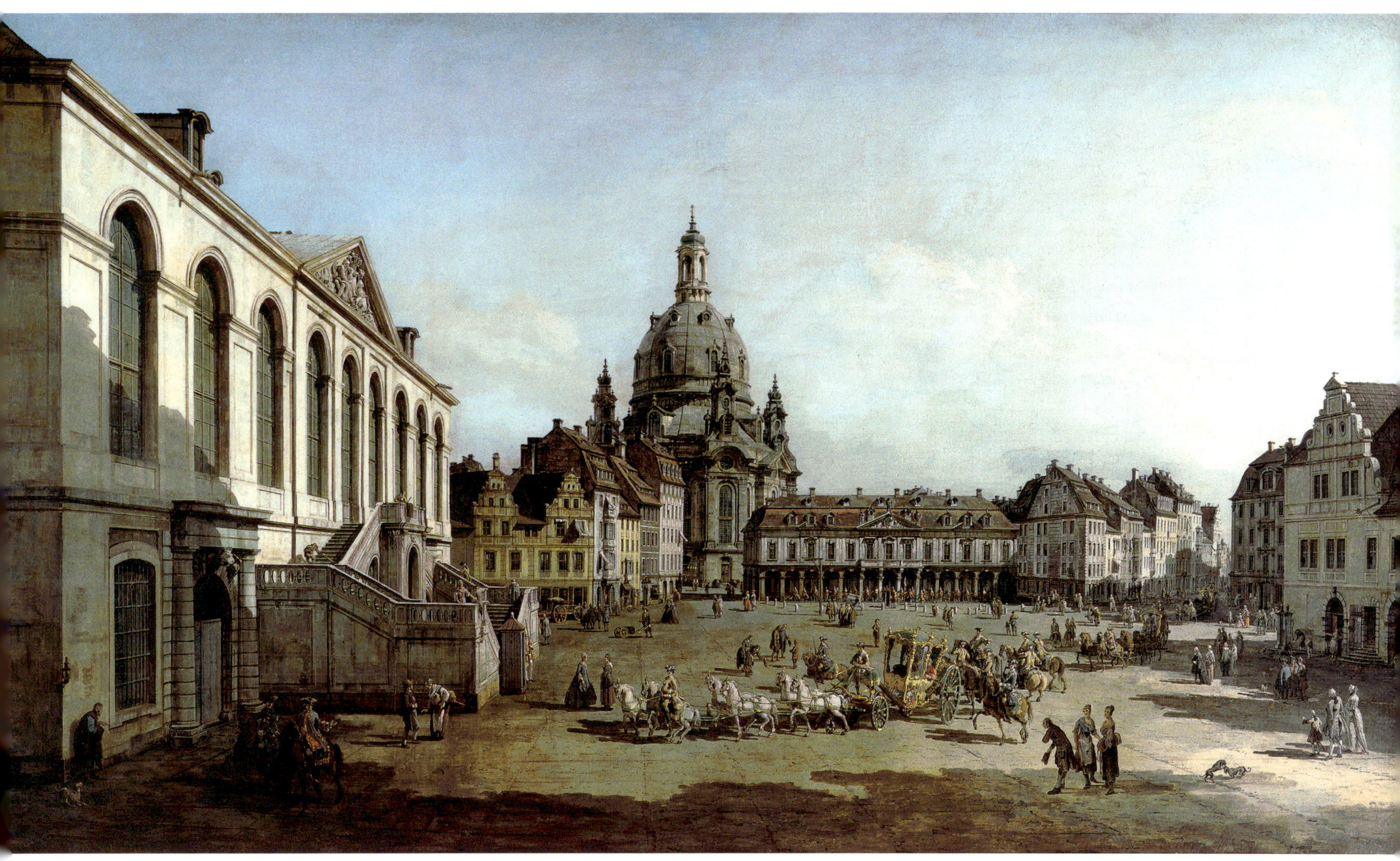

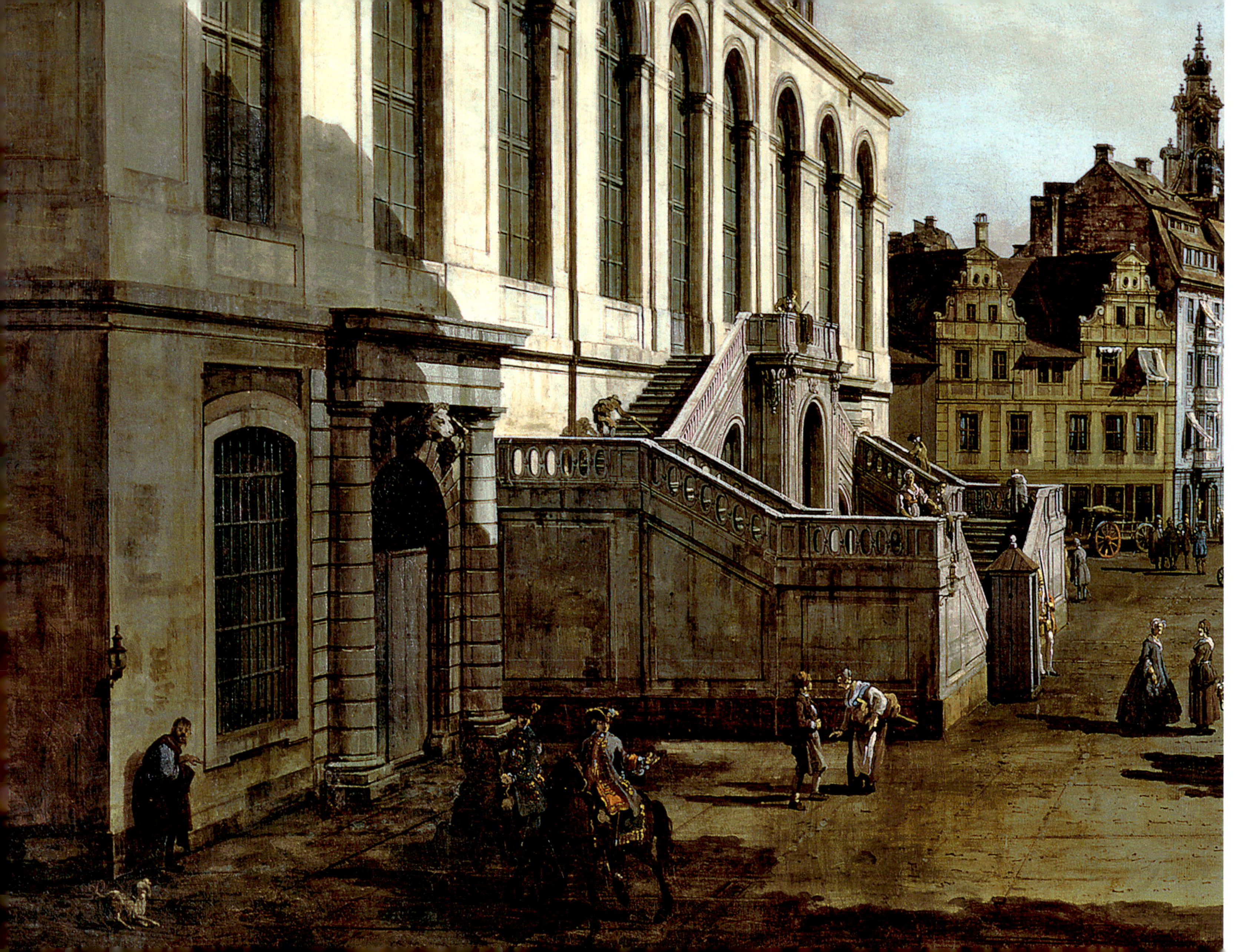

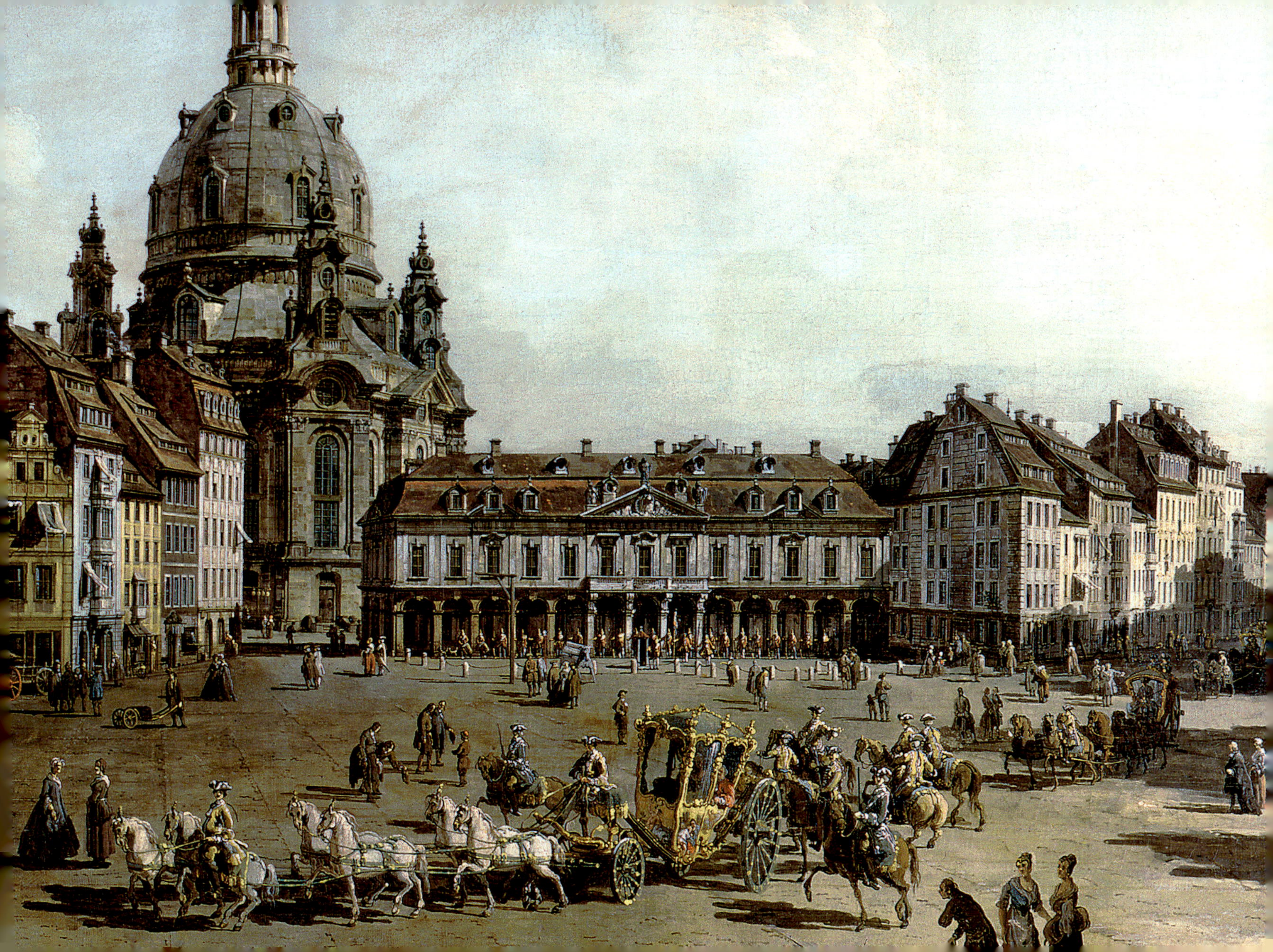

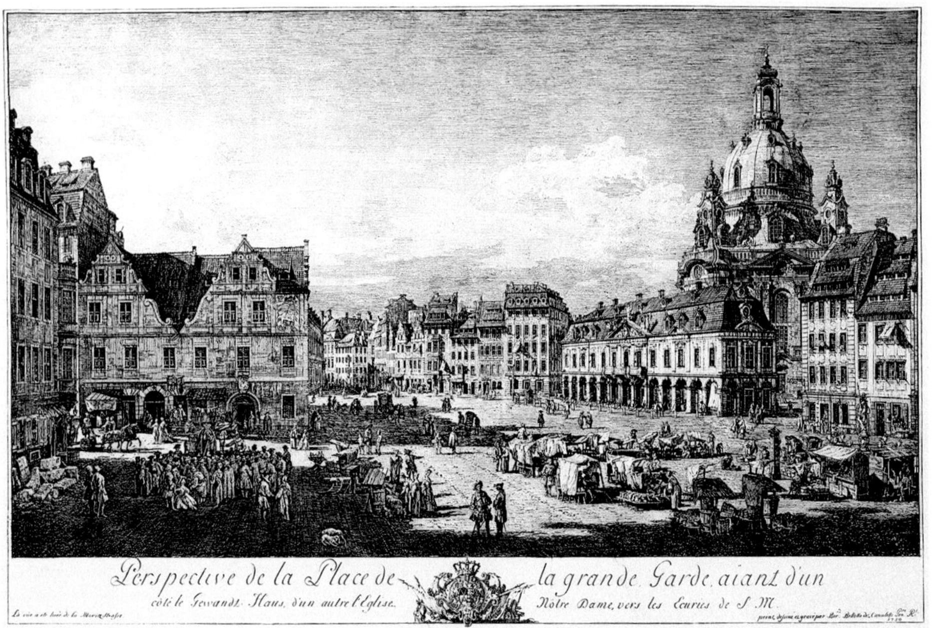

Der Neumarkt zu Dresden von der Moritzstraße aus, 1749
„Perspective de la Place de la Grande Garde, aiant d'un côté le Gewandt-Haus, d'un autre l'Eglise Nôtre Dame, vers les Ecuries de S. M. la vuë a été tirée de la Merenstrasse"

▸ **Der Neumarkt in Dresden von der Moritzstraße aus, 1749**

Das muss ich als katholischer Maler zugeben. Den müssen Sie sich mal ansehen, auch wenn Sie das Betreten eines protestantischen Gotteshauses einige Überwindung kostet. Sie werden sich an die Wies-Kirche und an Vierzehnheiligen erinnert fühlen.

Vor der Frauenkirche stand bis vor Kurzem noch die Altstädter Wache. Auf den Veduten vom Neumarkt, die mio padre gemalt hat, steht die Wache noch. Beim bombardemento prussico von 1760 sind die Kanonenkugeln von der steinernen Kuppel auf die Wache abgeprallt und haben diese zerstört, wie übrigens auf der Rückseite der Frauenkirche auch die Casa Knöffelo, direkt vor unserem Wohnhaus. Heute steht die Frauenkirche auf dem Neumarkt frei und fast noch majestätischer als je zuvor.

Zur Linken sehen Sie das Stallhofgebäude mit der Englischen Treppe. Dieses Gebäude hat unser seliger Dienstherr Augusto III zu seiner Gemäldegalerie ausbauen lassen. Doch im Erdgeschoss sind nach wie vor Pferde und Kutschen untergebracht, was den wertvollen Gemälden darüber nicht guttut. Sie werden ja sicher noch im Laufe der Woche Gelegenheit bekommen, die Gemäldegalerie zu besuchen. Es lohnt sich. Diese Galerie sucht ihresgleichen, nördlich der Alpen. Vor allem die frühen Italiener aus Venezia, Fiorenze und Roma sind sehenswert, aber auch die Holländer, vor allem Rembrandt und Rubens.

Als wir nach Dresden kamen, war gerade die Gemäldesammlung des Duca di Modena eingetroffen. Diese Neuerwerbung musste natürlich in der neuen galleria di quadri präsentiert werden. Für mio padre war es ganz wichtig, von hier, aus dem campo ebraico heraus, eine Vedute zu malen, übrigens aus dem Obergeschoss der Casa Dinglinger in Ihrem Rücken, die von Maestro Pöppelmann für den capocuoco di corte entworfen wurde. Aber da war der Juwelier und Bruder des Goldschmids schon 20 Jahre tot. Von hier konnte mio padre auch die im Jahr zuvor eröffnete Gemäldegalerie wirkungsvoll ins Bild setzen.

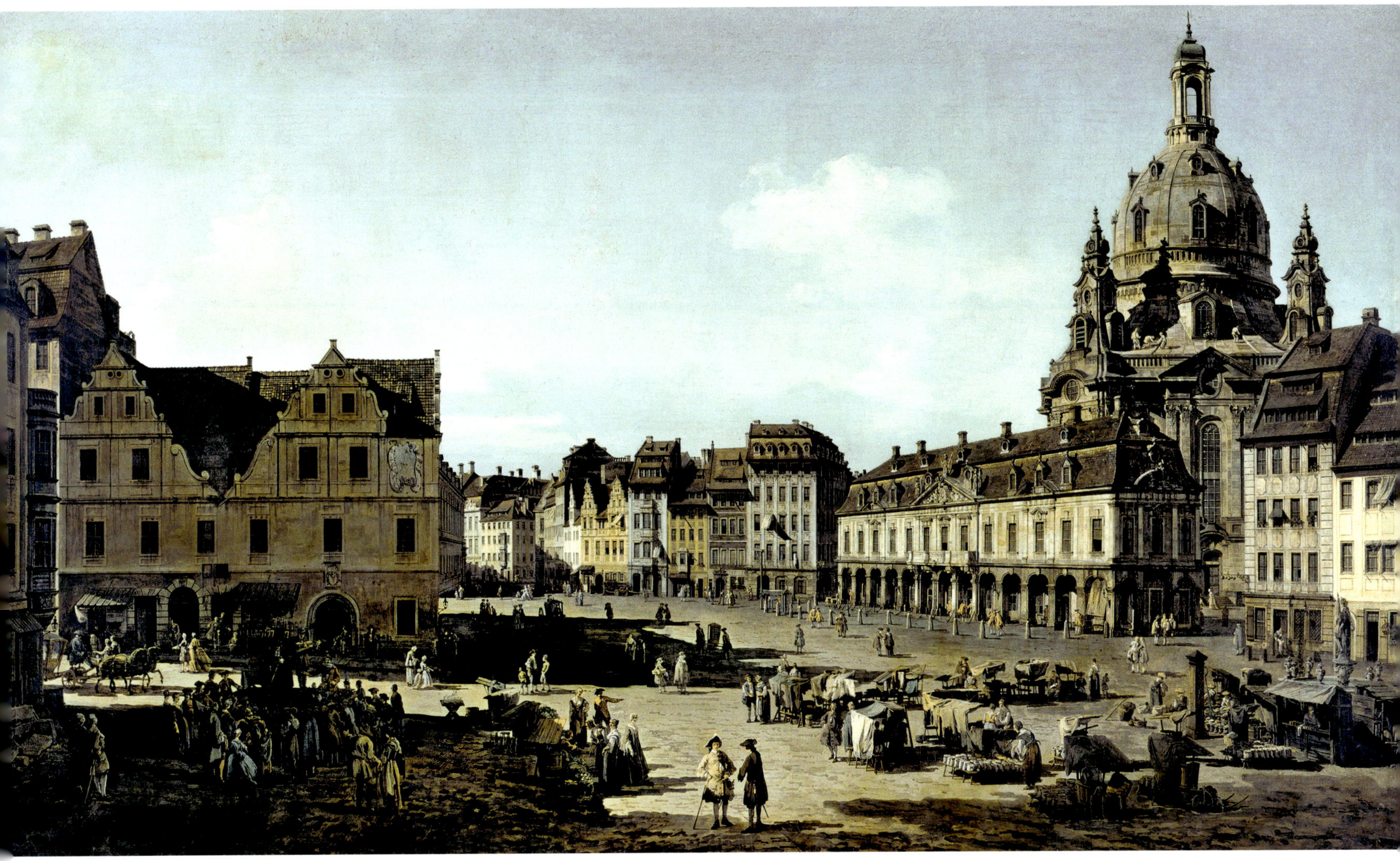

Sie werden aber auch bemerken, dass der Blick von hier auf den Neumarkt durch das alte Gewandhaus zu Ihrer Rechten stark eingeschränkt ist. Mio padre hat mit einem kleinen optischen Kunstgriff dieses schon damals ziemlich baufällige Gewandhaus verkleinert und rechts in den Hintergrund geschoben. Auf diese Weise wird der Neumarkt zur Bühne für die Vorfahrt von Sua Maestà Reale Augusto III in der goldenen Prunkkarosse und weiterer Karossen seiner Entourage, die sich vom Pirnaischen Tor her durch die Pirnaische Gasse nähern.

Erlauben Sie mir noch ein paar Bemerkungen zur Staffage.

Links im Schatten steht am Tor zum Stallhof ein Bettler mit seinem Hund und bittet um ein Almosen für die Kunst, oder einfach nur für sich? Es ist wieder der arme Schäfer mit seinem Hund. Die Wache ist angetreten, auch vor der Englischen Treppe steht ein Wachsoldat, einige grüßen das Herrscherpaar wie es sich gehört, die meisten lassen sich aber in ihren Alltagsgeschäften durch diesen prächtigen Aufzug nicht stören.

Vom Dinglingerhaus ist jedoch der Blick in die Pirnaische Gasse, wie Sie sehen, durch das Gewandhaus versperrt. Was tun?

Mio padre suchte deshalb einen zweiten Standort für den rechten Teil der Vedute, von dem aus er in die Pirnaische Gasse hineinblicken konnte. Den geeigneten Standort fand er dort oben auf der Englischen Treppe des Stallhofgebäudes, vor der Etage der Gemäldegalerie. Und dort hat er sich auch selbst als winzige Staffage platziert. Auf der Radierung ist das natürlich nicht zu erkennen.

Folgen Sie mir bitte dorthin, auf die Englische Treppe! Sie ist gerade von unserem Diener Checco gefegt worden, wenn ich mir diesen Scherz erlauben darf.

Avanti, prego, avanti!

Von hier oben haben Sie wirklich einen schönen Blick auf den Neumarkt, auch links in die Rampische Gasse hinein zum Palazzo des Kurländers. Rechts von der Rampischen Gasse über die Pirnaische Gasse bis zur Morenstraße sehen Sie die Spuren des bombardemente terribile di Re Prussico, viele Ruinen schöner Bürgerhäuser und Palazzi. Rechts von der Pirnaischen Gasse mündet die Moritzstraße in den Neumarkt. Das Eckhaus, aus dessen linkem Erker heraus mio padre seine zweite Vedute vom Neumarkt gemalt hat, ist immer noch eine Ruine. Dort soll bald ein Hotel „Città Roma" eröffnet werden.

Miei onorévoli signore e signori!

Sie sehen zur Rechten die mächtige Frauenkirche, jetzt ohne die Altstädter Wache davor, und den Bellona-Brunnen vor dem wieder aufgebauten Hotel de Saxe.

Der Brunnen war zunächst ein Friedensbrunnen, nach dem Sieg über die Türken vor Wien wurde er zum Kriegs- und Siegesbrunnen. Bellona ist ja die römische Kriegs- und

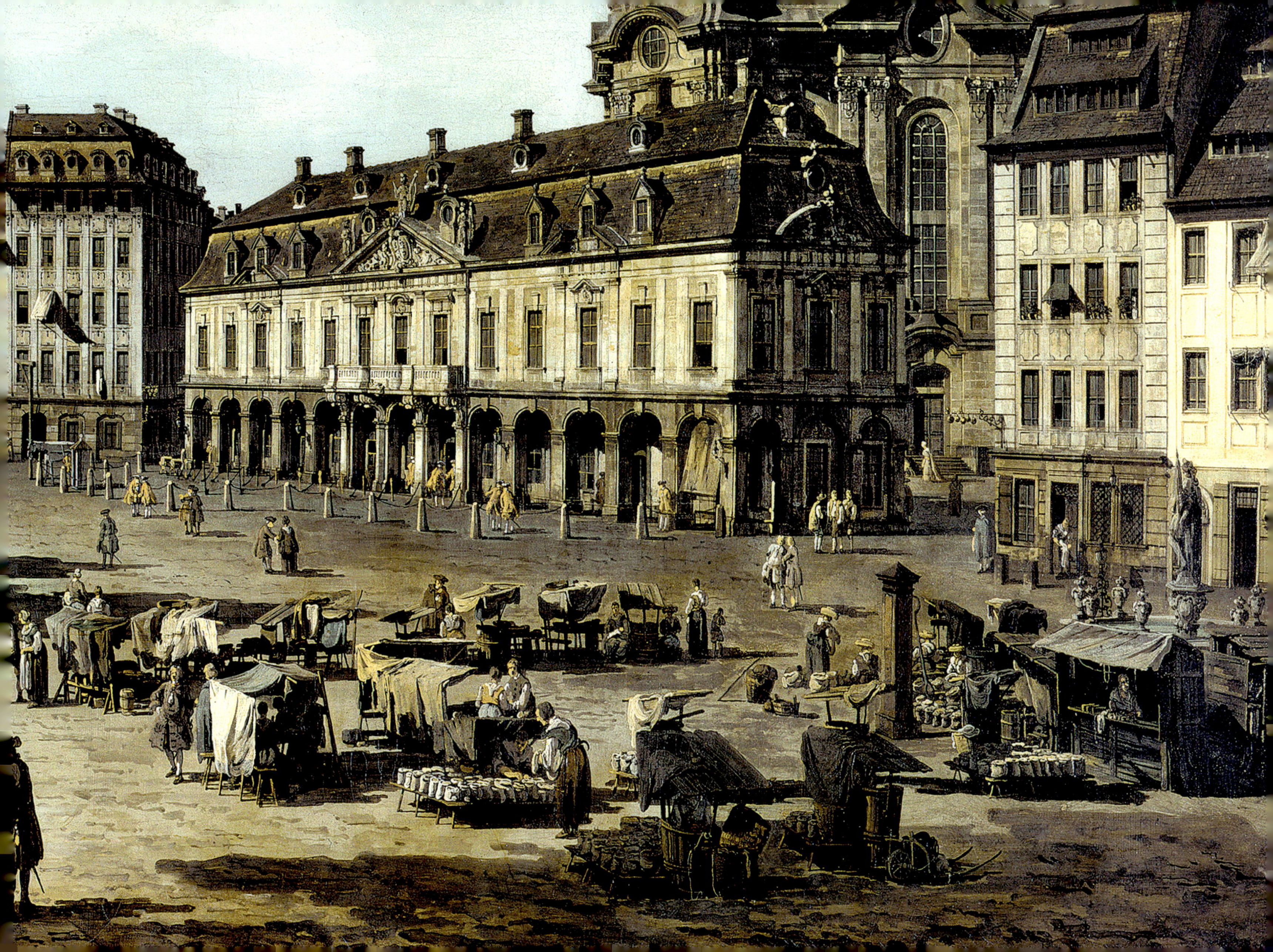

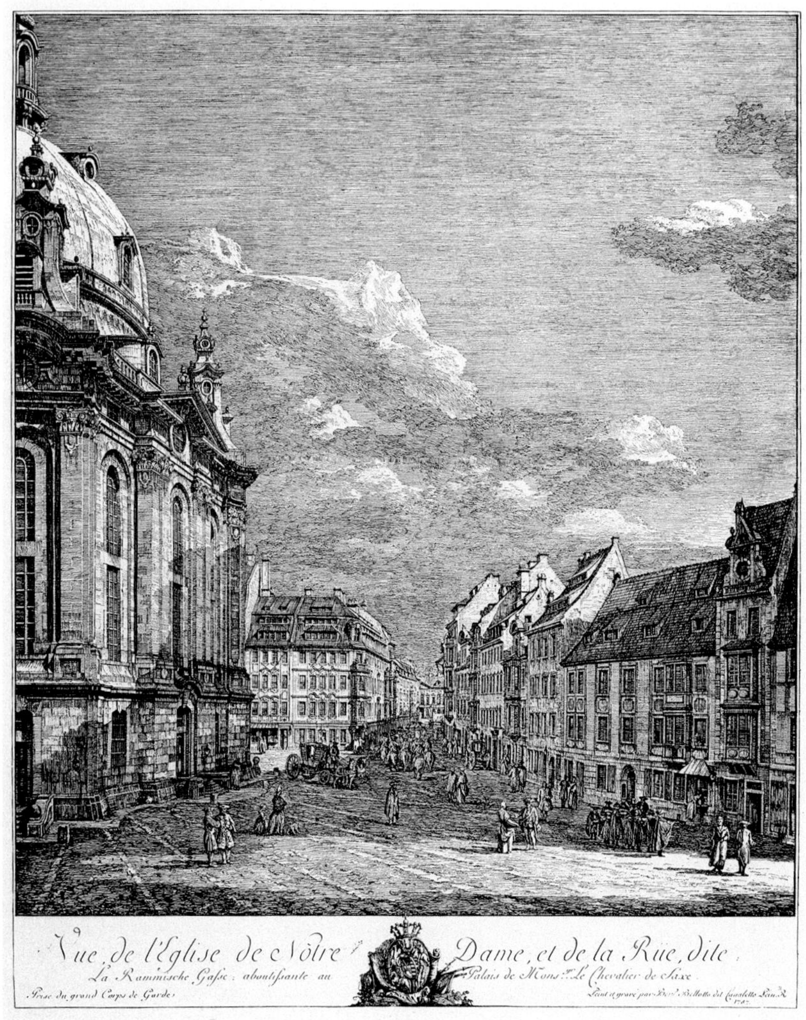

Siegesgöttin. Die einfachen Leute nennen ihn Türkenbrunnen, weil die Sachsen bei der Befreiung Wiens ein paar Regimenter gestellt haben.

Wie Sie sehen, ist das alte Gewandhaus beim preußischen Bombardement von Treffern verschont geblieben, ebenso wie die Häuser an der Nordseite des Neumarkts. Alles steht noch so, wie mio padre es von hier gemalt hat. Ganz links an der Kleinen Frauengasse sehen Sie noch ein schönes altes Haus mit einem Runderker, an dem Sie einen Kindertanz-Fries bewundern können. Hier soll der berühmte compositore Enrico Schütz gewohnt haben.

Auf der Vedute aus der Moritzstraße hat mio padre den Neumarkt in einem warmen Abendlicht gemalt. Aus der kleinen Frauengasse fällt noch Licht herein, das Gewandhaus und die Gebäude an der Westseite werfen schon tiefe Schatten. Im Schatten vor dem Gewandhaus haben sich Leute um einen Redner auf einem Podest versammelt. Weiter rechts sehen Sie, auch auf der Radierung, das übliche Markttreiben am späteren Nachmittag.

Wir gehen jetzt über die arg ramponierte Rampische Gasse zum Pirnaischen Tor. Meine Herrschaften, bitte folgen Sie mir.

Avanti, prego, avanti.

Die Frauenkirche zu Dresden, 1751
„Vue de l'Eglise de Nôtre Dame, et de la Rüe, dite: La Rammische Gasse; aboutissante au Palais de Mons:gr Le Chevalier de Saxe. Prise du grand Corps de Garde"

Ach wen sehe ich dort? Das ist doch unser neuer Hausherr mit seinem Architekten, dem Conduttore Schwarze. Padre, wolltest du nicht mit ihm ein Wörtchen reden? Ich warte hier und unterhalte derweil die hohen Herrschaften aus Monaco.

In tutta onestà, mio illustre Conte, posso parlarvi un momento in qualità di Vostro affittuario devoto?

Was gibt's denn, Canaletto?

Vostra Altezza, questo sarà certamente un Palazzo magnifico, il Palazzo Cosel, posso ben immaginarlo. Resisterà nei tempi a venire e sarà per sempre associato al Vostro nome, caro Conte.

Na und?

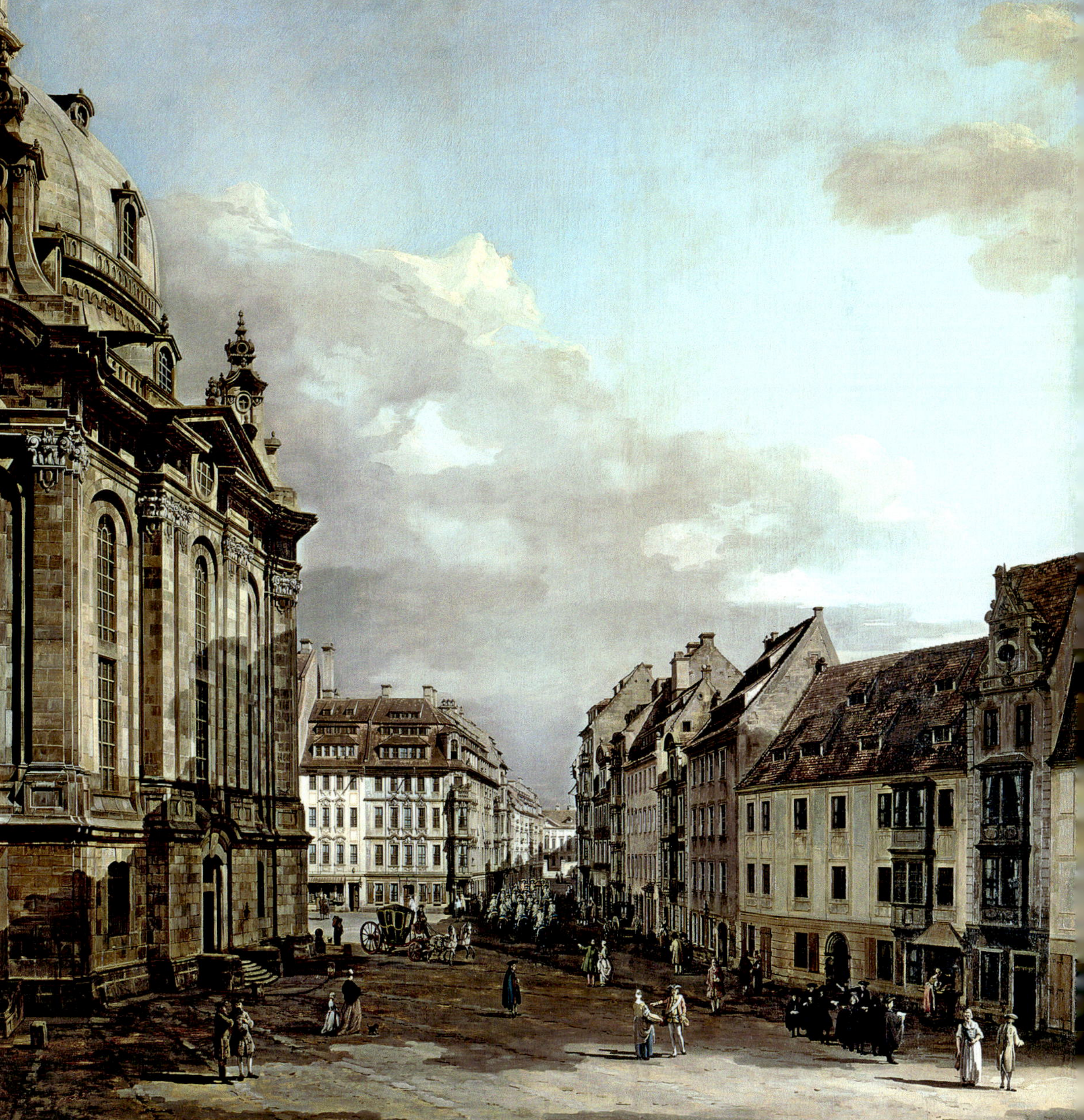

Die Frauenkirche zu Dresden, 1751

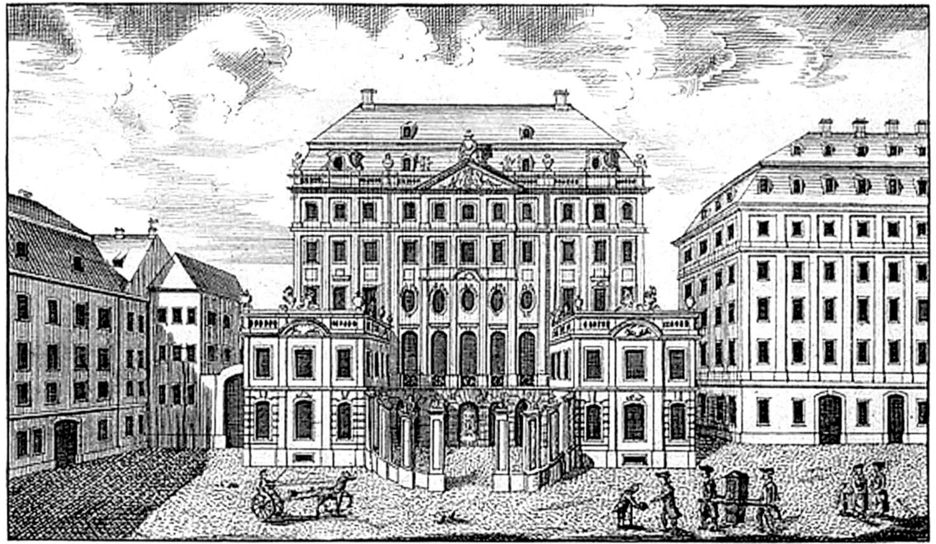

Friedrich Gottlob Schlitterlau, Palais Cosel, um 1770

In tutta modestia, vorrei dire che è quasi impossibile per un povero pittore come me fare il mio lavoro, ad esempio dipingere, con tutto il rumore, la sporcizia e soprattutto il trambusto causato dagli operai.

Nun seien Sie mal nicht so zimperlich, da müssen Sie eben durch!

Illustre Conte, abbiate pietà, non potreste almeno ridurre un po' il mio affitto per il periodo in cui il Vostro palazzo è in costruzione?

Kommt nicht infrage! Wenn Sie die Miete nicht zahlen können, dann ziehen Sie doch in die Pirnaische Vorstadt, oder gehen Sie gleich zurück nach Venedig, dort ist es doch sowieso viel schöner als hier. Sie sind in Dresden entbehrlich. Sachsen den Sachsen! Basta!

Miei onorévoli signore e signori!

Sie sehen, der Reichsgraf Cosel behandelt meinen armen Vater sehr unhöflich. Unser Haus ist ja schon Teil seines Palazzo geworden und ich fürchte, es wird für uns dann ziemlich ungemütlich werden, und unsere Miete wird wohl sogar noch erhöht werden. Wahrscheinlich werden wir umziehen müssen.
Avanti, prego, avanti!

Diesen Blick in die Rampische Gasse hat mio padre für Augusto III im Winter 1751/52 gemalt. Er hat seine Staffelei an ein rückwärtiges Fenster der Garnisonskirche im Obergeschoss der Altstädter Wache aufgestellt. Die Wache wurde beim bombardamento prussico durch Kanonenkugeln, die von der Kuppel abprallten, schwer beschädigt und ist vor Kurzem abgerissen worden. Hier, hinter der Frauenkirche am Eingang zur Rampischen Gasse, sehen Sie auf der linken Seite die Ruinen der Casa Knöffelo an der Salzgasse.

Wir gehen jetzt durch die Ruinen der Rampischen Gasse zum Pirnaischen Tor!

Die Nordseite der konvex gekrümmten Rampischen Gasse ist bei der Bombardierung durch die Preußen noch recht gut davongekommen. Aber die palazzi zwischen der Rampischen und der Pirnaischen Gasse hat es ziemlich schlimm getroffen.

Am unteren Ende der Rampischen Gasse, auf der linken Seite, gegenüber dem Palais du Chevalier de Saxe, beachten Sie bitte den Kopfbau von Maestro Pöppelmann für Augusto Fortissimo beziehungsweise für dessen türkische Mätresse Fatima.

Der Palazzo di Johann Giorgio Chevalier de Saxe, ebenfalls ein Sohn von Augusto Fortissimo, diesmal mit der Contessa Lubomirska, wurde bei der Bombardierung durch den Re Prussico Federico Due ebenfalls beschädigt, ist jedoch inzwischen wieder instandgesetzt worden.

Wir gehen jetzt durch die Kleine Schießgasse zum Pirnaischen Tor, wo ich Sie auf eine Plattform führen werde, von der aus Sie einen Blick über den Stadtgraben auf die zerstörte Pirnaische Vorstadt werfen können.

Avanti, prego, avanti! Zu unserer nächsten Station!

7. STATION: PIRNAISCHES TOR

Miei onorévoli signore e signori!

Vor Ihnen liegen die Ruinen der Pirnaischen Vorstadt. Mio padre hat sie vor drei Jahren, im ersten Friedensjahr nach dem Bello Prussico gemalt. Abgesehen von den Gebäuden dort drüben am Pirnaischen Platz, sieht es hier immer noch trostlos aus.

Mio padre hat die Vedute vor drei Jahren gemalt. Seine Staffelei stand im rückwärtigen Fenster des Gebäudes dort drüben, schräg gegenüber der Ruine des Palazzo Fürstenhoff. Der preußische Stadtkommandant ließ das palazzo 1759 abbrennen, um auch hier freies Schussfeld zu erhalten. Dasselbe hatte er im Jahr zuvor am Wilschen Tor getan, woraufhin mein Vater und ich Dresden verlassen haben und nach Wien gezogen sind. Mia mamma Maria mussten wir mit meinen drei kleinen Schwesterchen in der Obhut von Checco hier zurücklassen. Sie sind bei Freunden untergekommen.

Als die Preußen im Juli 1760 versuchten, Dresden mit einem bombardemento terribile zurückzuerobern, hatten wir in Wien jede Menge Malaufträge, sodass wir uns erst im Januar 61 über Monaco auf die Rückreise machen konnten. Dort haben wir dann von Kurprinz Christian den Auftrag erhalten, für seinen cognato Maximiliano Giuseppe III drei Veduten von Monaco zu malen. Wie Sie wissen, hängen sie inzwischen im Thronsaal des Bayrischen Kurfürsten.

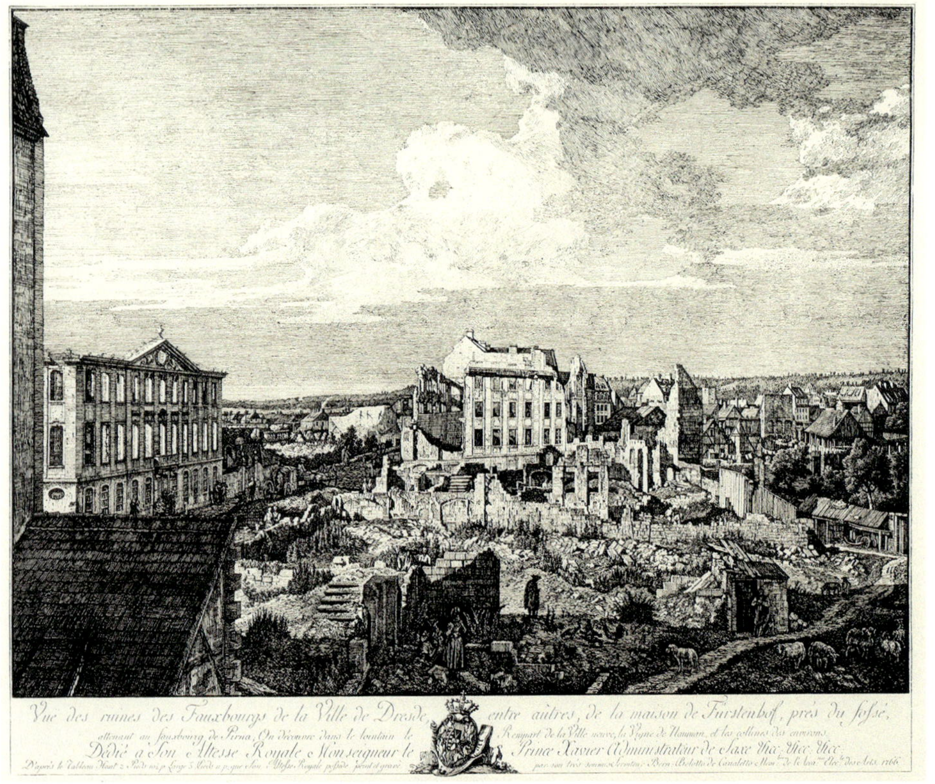

Die Ruinen der Pirnaischen Vorstadt zu Dresden, 1764

„Vuë des ruines des Fauxbourgs de la Ville de Dresde, - entre aûtres, de la maison de Fürstenhof, prés du fossé, attenant au fauxbourg de Pirna, On découvre dans le lointain le - Rempart de la Ville neuve, la Vigne de Nauman, et les collines des environs. Dédié a Son Altesse Royale Monseigneur le - Prince Xavier Administrateur de Saxe."

So sind wir schließlich erst zu Jahresbeginn 1762 wieder in Dresden eingetroffen und in unsere Etage in der Salzgasse eingezogen. Aber was haben wir dort vorgefunden?

Das gesamte Mobiliar war zerstört und verschwunden. Von unsrer wertvollen Druckwerkstatt keine Spur! Wir mussten uns völlig neu einrichten. Da waren unsere Ersparnisse aus Wien und München schnell aufgebraucht, und aus Varsavia durften wir keine Hilfe erwarten, die Gehaltszahlungen waren ja ebenfalls ausgeblieben.

Mio padre hatte Augusto III nach Varsavia eine Aufstellung der Schäden geschickt, die in unsrer Wohn- und Arbeits-Etage in der Salzgasse durch das bombardamento prussico entstanden sind, und hat um Schadensersatz in Höhe von 50 Tausend Thaler gebeten. Das blieb zunächst ohne Erfolg.

Er hat in diese Vedute eine trostlose Schäferidylle hineingemalt, sich selbst als Schäfer in scharzer Rückenansicht. Doch was soll das Klagen! Verlassen wir diesen trostlosen Ort und gehen weiter, immer am Stadtgraben entlang bis zur Kreuzgasse, dann rechts!

Auf zu unserer nächsten Station an der Kreuzkirche!

Avanti, prego, avanti!

Die Ruinen der Pirnaischen Vorstadt, 1764

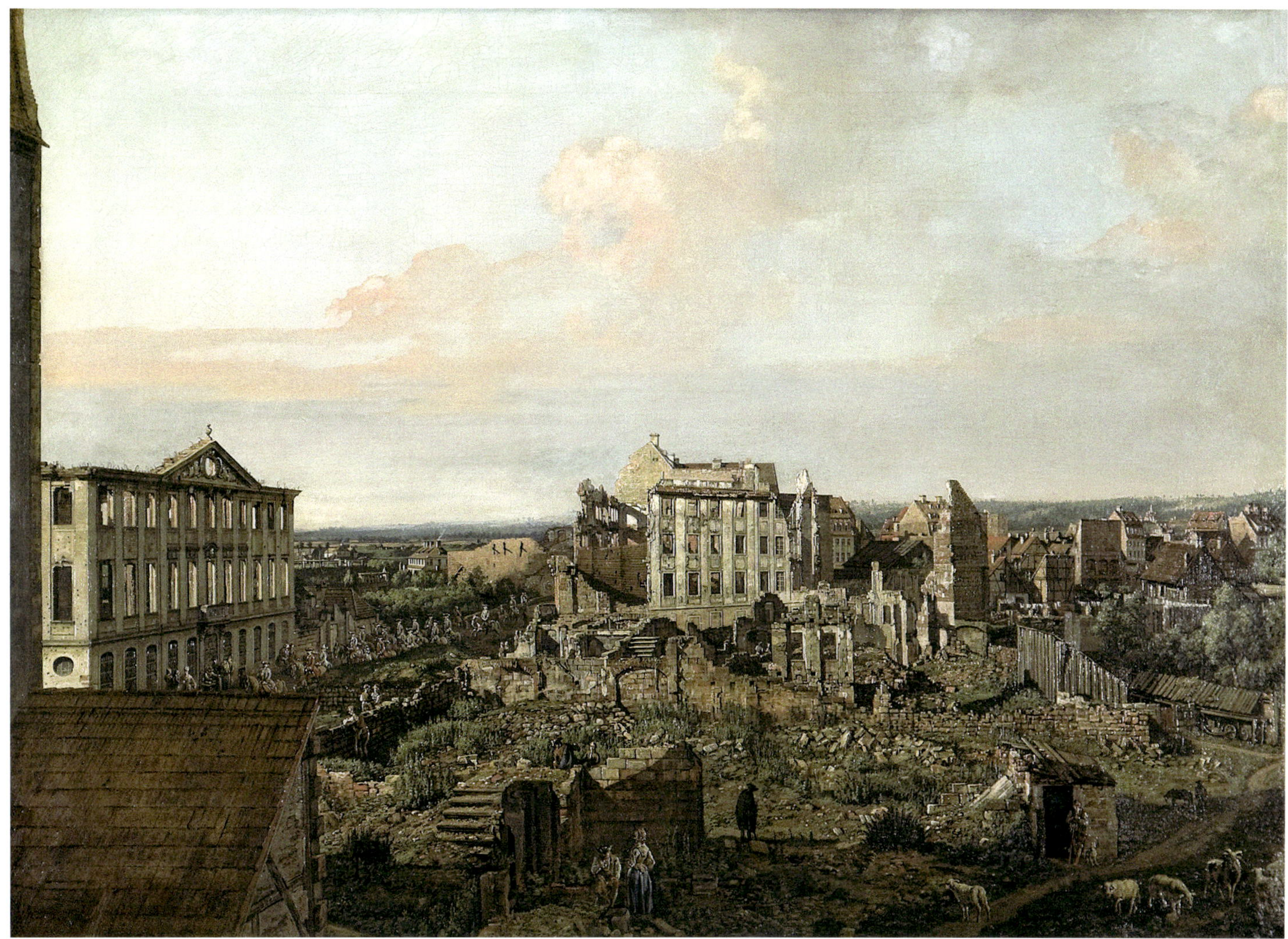

Der Altmarkt zu Dresden von der Schloßgasse aus, 1752, 53,8 x 83,9 cm, K.Nr. 175.

8. STATION: KREUZKIRCHE

Miei onorévoli signore e signori!

Sie sehen, der Bau des neuen Kreuzkirchenschiffs schreitet voran.

Hier hat mio padre ein Jahr nach den Trümmern der Pirnaischen Vorstadt das Gegenstück gemalt, eine Trümmerlandschaft, die uns hoffnungsvoll in die Zukunft blicken lässt.

Er hat die veduta aus dem Zimmer des Superintendenten Dottore Am Ende gemalt, einem sehr freundlichen frommen Vertreter der lutherisch-evangelischen Kirche.

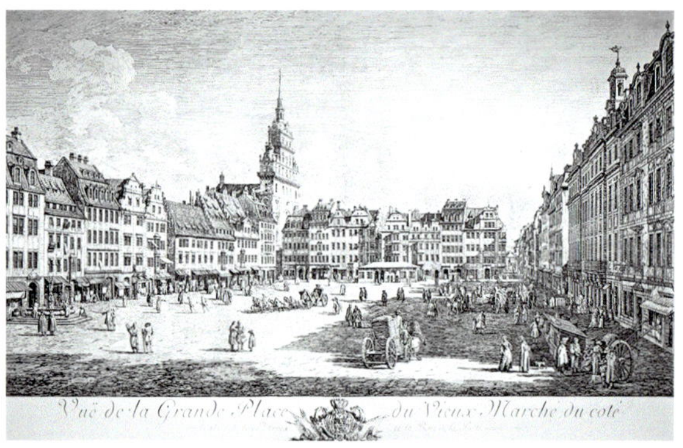

Dazu muss ich Ihnen eine Geschichte erzählen.

Die alte Kreuzkirche war wie gesagt beim bombardemento prussico vor sechs Jahren größtenteils zerstört worden: Langhaus und Chor waren ausgebrannt und die Ruinen noch zu Kriegszeiten abgerissen worden. Der Turm war beschädigt und erhielt ein provisorisches Holzdach. Mio padre hat es noch auf der veduta di rezeptione, wenige Tage vor dem Einsturz, dokumentiert.

Der ehemalige Renaissance-Turm sollte in den Neubau einbezogen werden. Man begann mit dem Neubau des Kirchenschiffs gleich nach Kriegsende. Ein Jahr später stürzte jedoch nach ergiebigen Regenfällen, die Rückwand des Turms am 22. Juni 1765 ein, das Datum habe ich mir gemerkt. Mio padre hat sich den Schaden gleich angesehen und beschlossen, die Szenerie in einer veduta festzuhalten. Es war ein richtiges Spektakel.

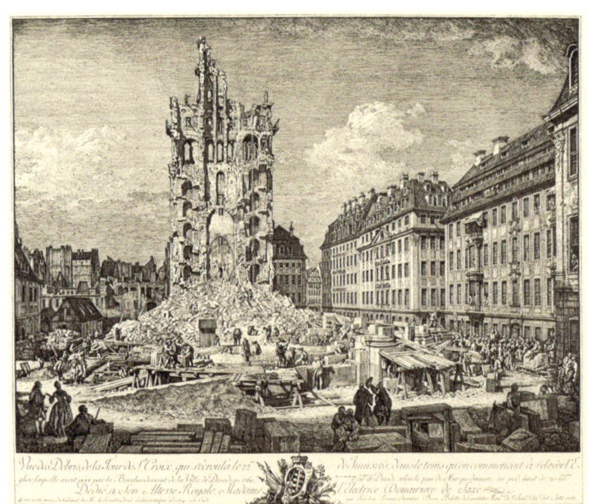

Die Trümmer der ehemaligen Kreuzkirche zu Dresden, 1765
„Vue des Débris, de la Tour de S:te Croix, qui s'écroulà le 22.me de Juin 1765, dans le tems qu'on commencoit à relèver l'Eglise, laquell avoit péri par le Bombardement de la Ville de Dresde, en 1760. Dedié à Son Altesse Royale, Madame l'Electrice Doüairiere de Saxe. La vue a été prise, du Cabinet de M:r le Surintendant Ecclésiastique Docteur am Ende."

Die Trümmer der ehemaligen Kreuzkirche zu Dresden, 1765

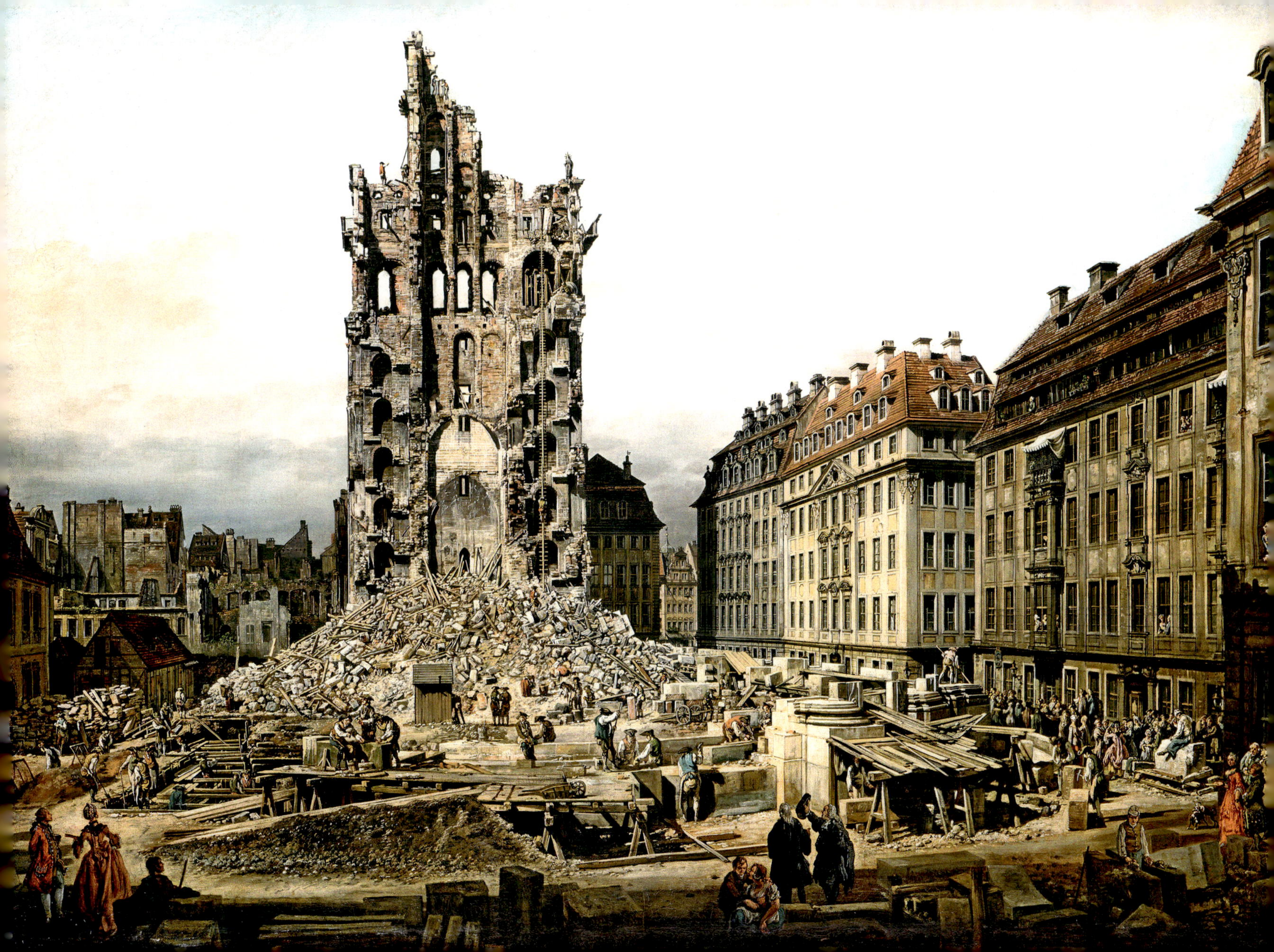

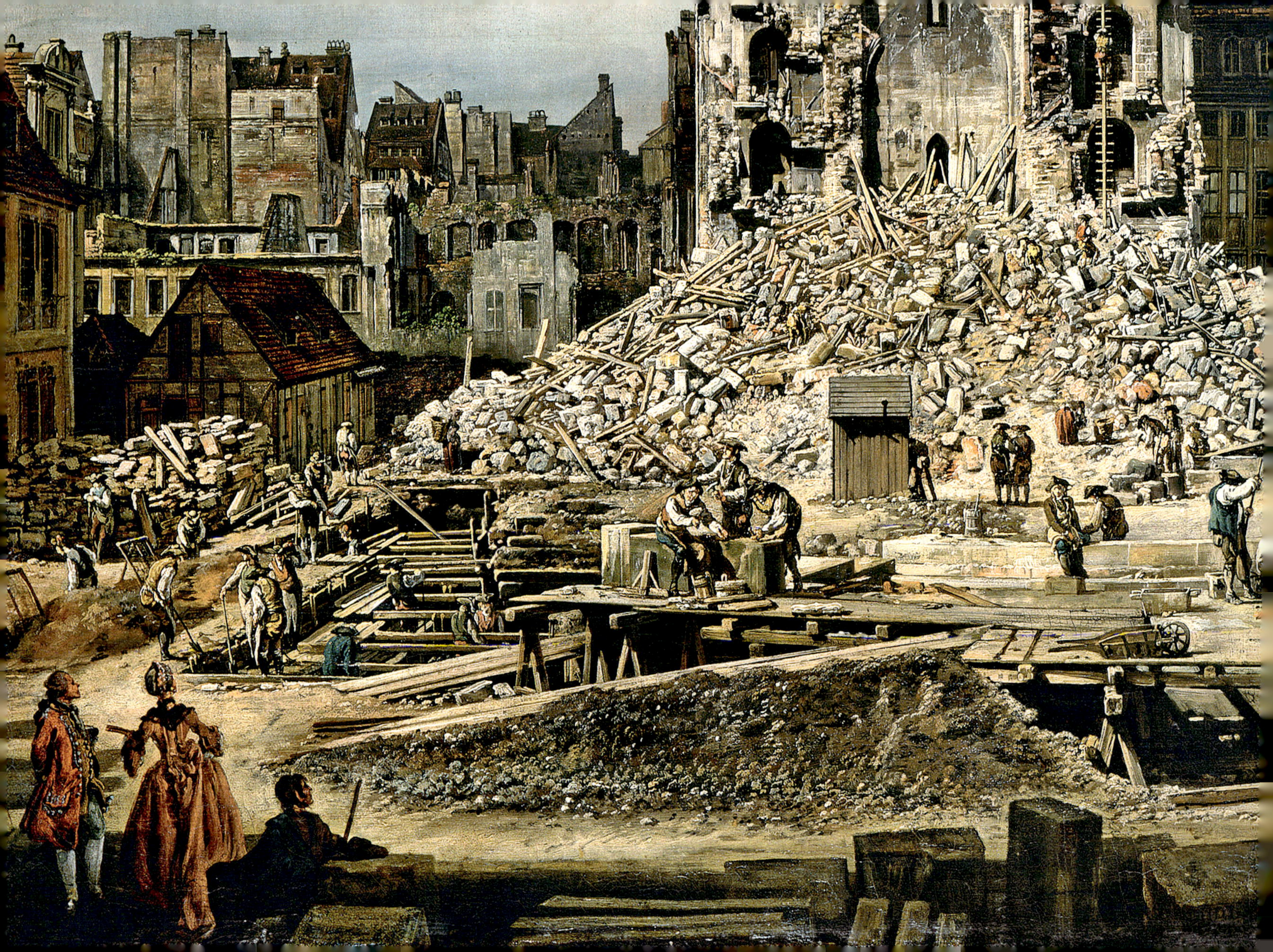

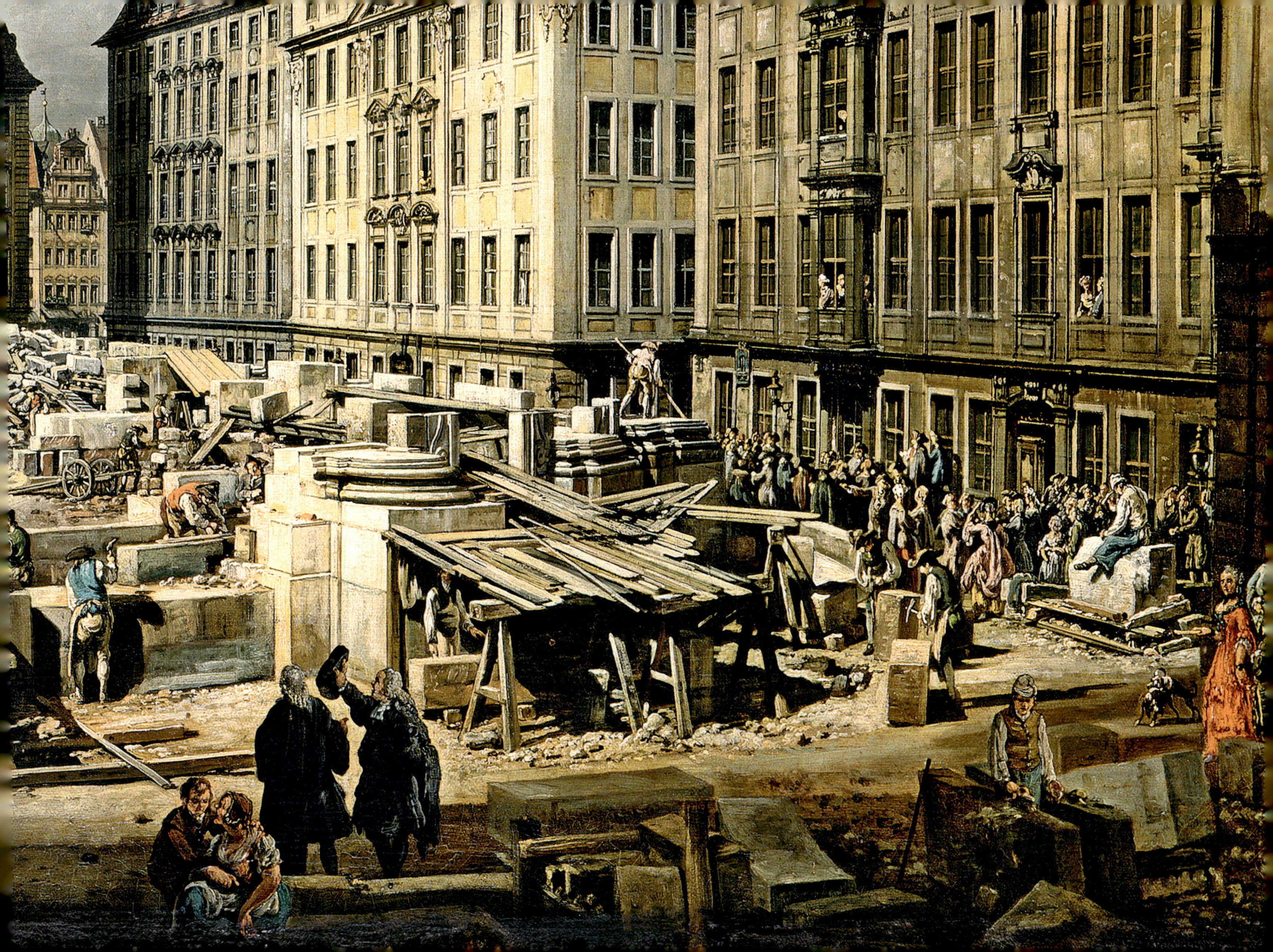

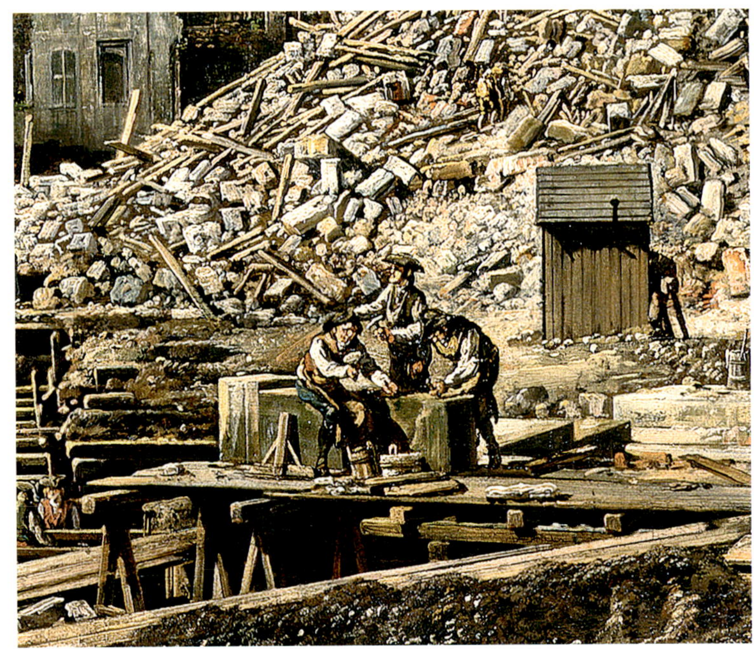

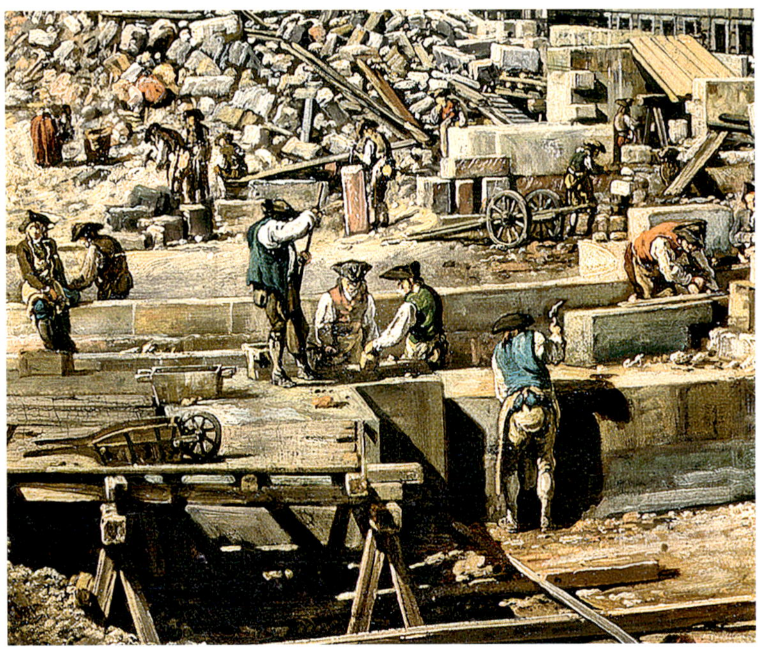

Ein Maurergeselle aus dem Erzgebirge, namens Künzelmann, hat die Turmruine mit seinen Leuten Stein für Stein abgetragen. Dazu sind sie auf 1-holmigen Leitern nach oben geklettert. Am 6. Juli des vorigen Jahres, das werde ich nie vergessen, ist mio padre selbst nach oben gestiegen, allerdings nicht ganz nach oben. Es sei schwindelerregend gewesen.

Mio padre hat die Abbrucharbeiten wie ein Bildreporter festgehalten. Sie können auf der veduta viele interessante Details an der Baustelle entdecken, insbesondere wenn Sie diese veduta mit der veduta vergleichen, die mio padre vor der Zerstörung der Kreuzkirche von der Altmarkt-Seite als Gegenstück zur Frauenkirche aus der alten Wache gemalt hat.

Warum gibt uns die Vedute mit den Trümmern der ehemaligen Kreuzkirche, seine letzte veduta di Dresda, trotz allem die Hoffnung, dass es aufwärts geht?

Mit dieser veduta wollte mio padre zeigen, mit welchem Elan über alle Zerstörung hinweg mit der Beseitigung der Schäden und dem Wiederaufbau begonnen wird. Während sich im Hintergrund noch düster ausgebrannte Ruinen reihen, die Sie auch heute noch sehen werden, ist die Häuserzeile an der Kreuzgasse unversehrt geblieben. Rings um die Baustelle nimmt das Leben unermüdlich seinen Fortgang, so als sei im Grunde nichts Schwerwiegendes vorgefallen. Das wollte mio padre auch mit der Staffage deutlich zum Ausdruck bringen. Die Stadt ist vital, sie lässt sich nicht unterkriegen, aus den Ruinen entsteht neues Leben. Wir schaffen das!

Padre, ich glaube der Superintendente möchte dich sprechen.

Hallo, hallo Herr Canaletto!

Dottore, che piacere vedervi!
Wollen Sie mich nicht diesen vornehmen Herrschaften vorstellen?

Ma certo, con piacere! Lorenzo, fallo tu per favore!

Meine Herrschaften, ich darf Ihnen zunächst Dottore Gottlob Am Ende vorstellen, den höchsten Repräsentanten der protestantischen Kirche in Sachsen. Es ist schön, dass wir ihn am Ende unseres kleinen Rundgangs hier treffen. Er ist zugleich der Bauherr der neuen Kreuzkirche, die hier emporwachsen wird.

Aber gerne, es ist mir eine große Ehre und ein Vergnügen, Sie hier zu begrüßen und ein paar Worte zu unserem neuen Gotteshaus zu sagen. Ich habe mich letztes Jahr darüber schon ausführlich mit Herrn Canaletto unterhalten, als er in meinem Dienstzimmer seine herrliche Vedute malte, die so voller Gottvertrauen ist. Er ist ein begnadeter Maler und wird dies viel besser in Worte fassen können als meine Wenigkeit. Deshalb möchte ich Sie auch nicht weiter aufhalten. Ich muss auch noch meine Predigt für die Abendandacht vorbereiten. Sicher werden Sie unser barockes Dresden in bester Erinnerung behalten. Adé!

Wir gehen jetzt weiter zum Altmarkt, es sind nur ein paar Schritte. Sie gehen hier übrigens auf einem wirklichen Canaletto: Unter diesen Steinplatten fließt der Kaitzbach zum Altmarkt. Man benötigt sein Wasser zum Reinigen des Marktes und zum Löschen, falls ein Feuer ausbricht. Der Kaitzbach fließt dann vor dem Taschenberg in den Stadtgraben. An der Ecke dort werde ich Ihnen erläutern, wie die ehemalige Kreuzkirche von vorne aussah, als mio padre sie vor dem Krieg malte.

Bitte folgen Sie mir nun zu unserer vorletzten Station, zum Altmarkt!

Avanti, prego, avanti!

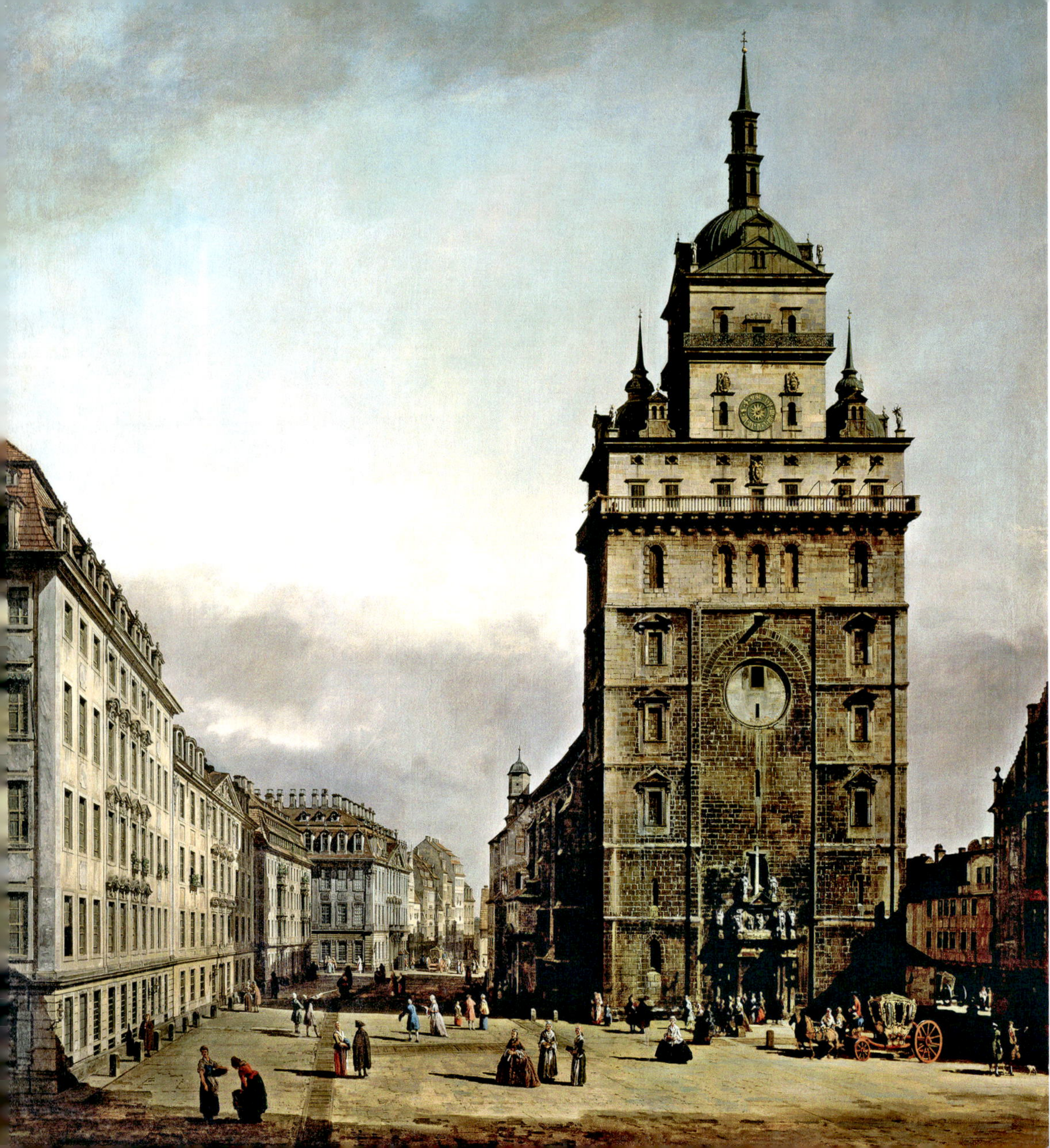

Die ehemalige Kreuzkirche in Dresden, 1751

Die ehemalige Kreuzkirche zu Dresden, 1751
„Vuë, de l'Eglise et de la Ruë de Sainte- Croix, ainsi que d'une partie de l'Hôtel de S: E: Monsgr le Comte Rutowski, Feld Marechal General"

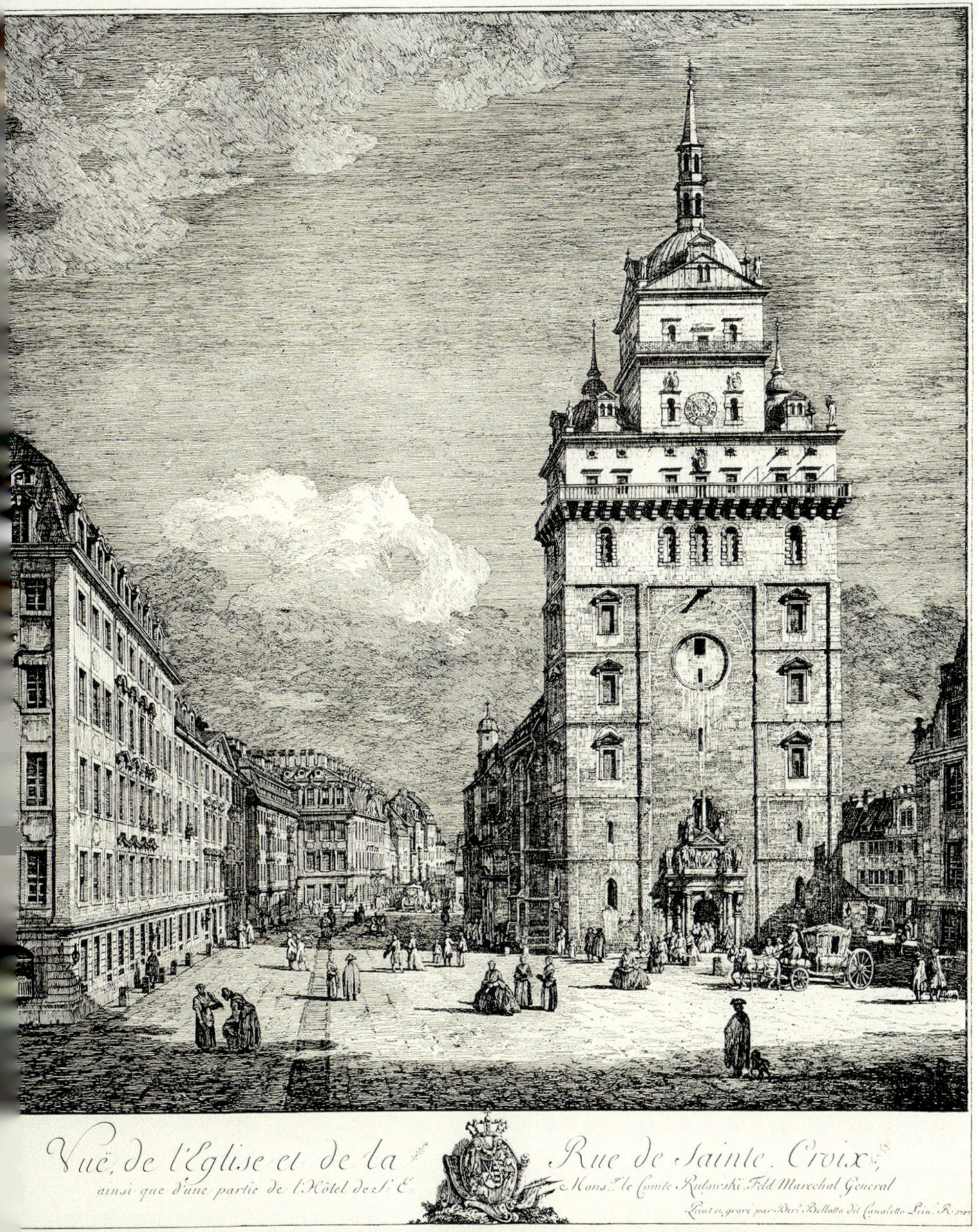

Vuë, de l'Eglise et de la Rue de Sainte Croix,
ainsi que d'une partie de l'Hôtel de S. E. Mons.r le Comte Rutowski Feld Marechal General

Peint et gravé par Bern. Bellotto dit Canaletto Pein. R. 1757

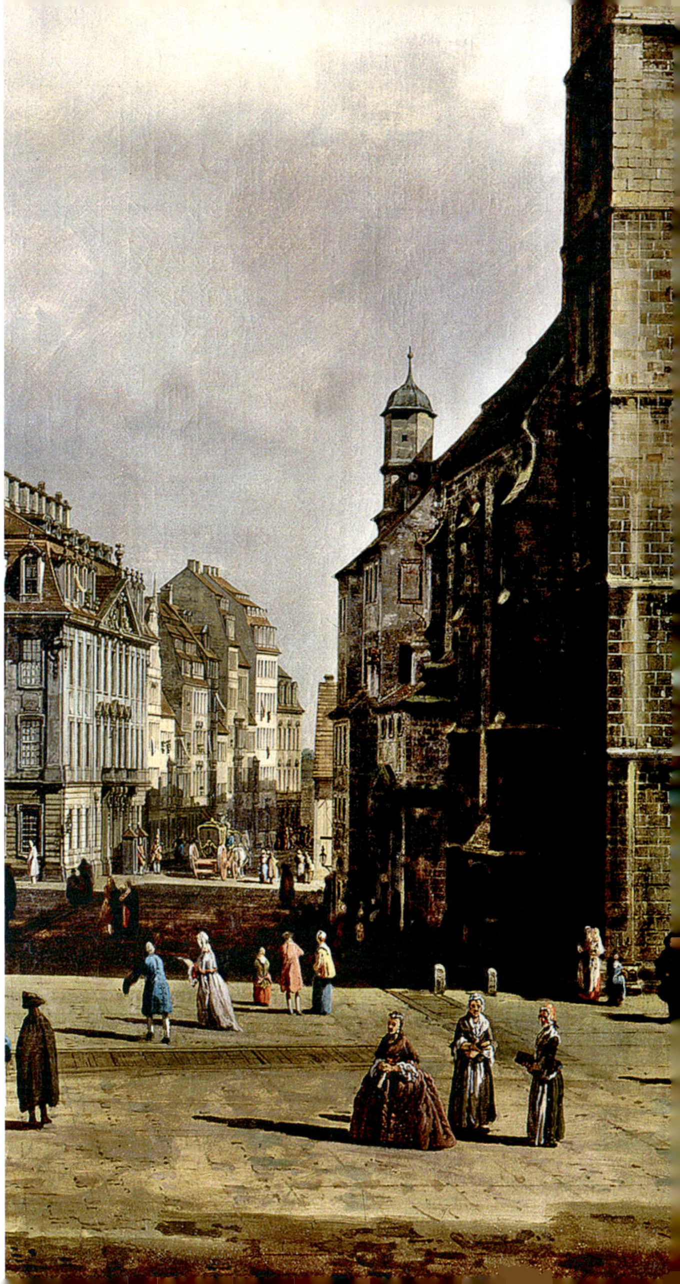

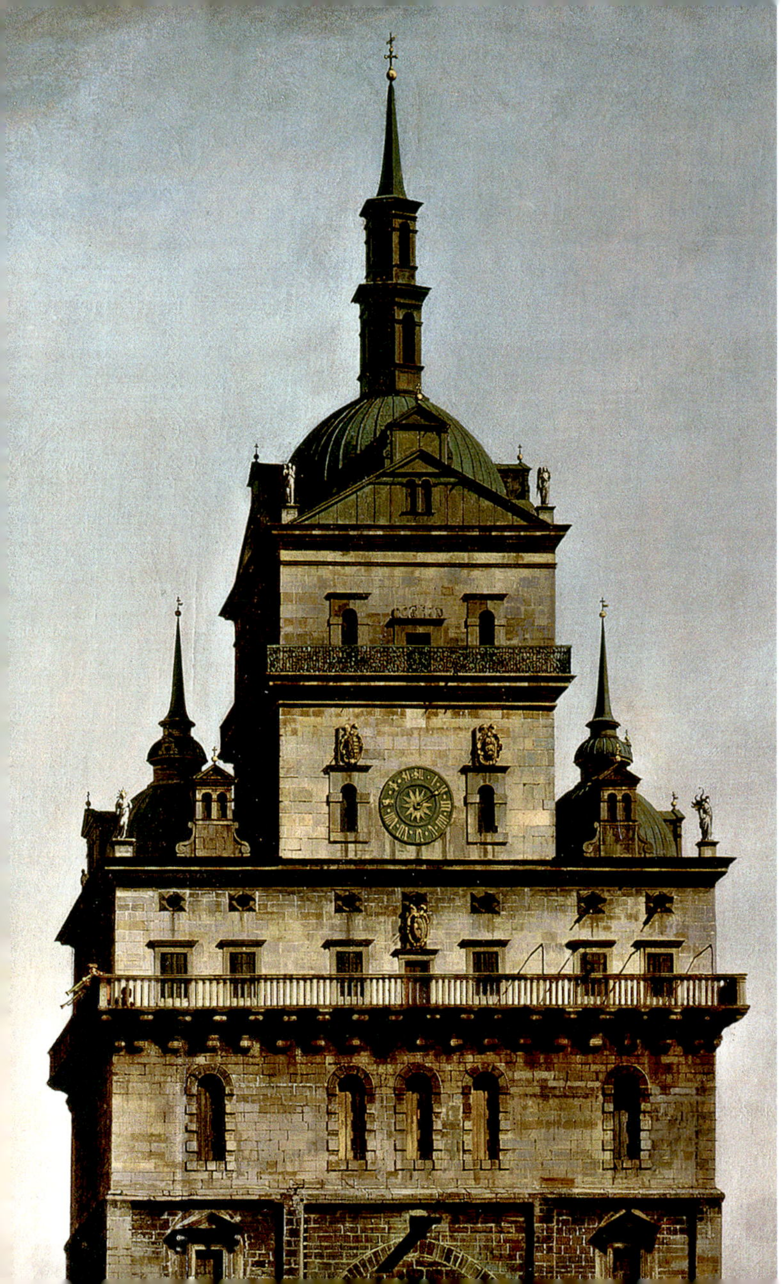

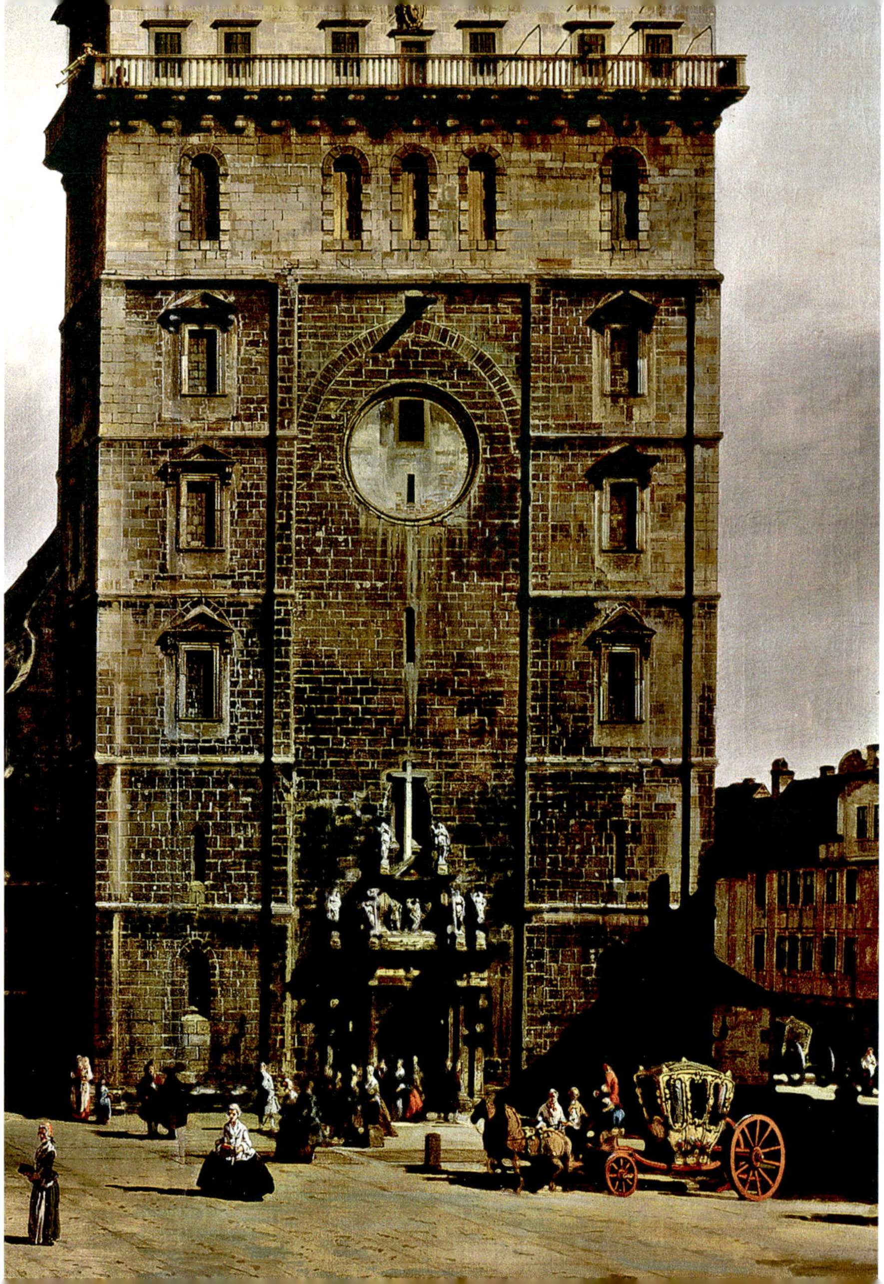

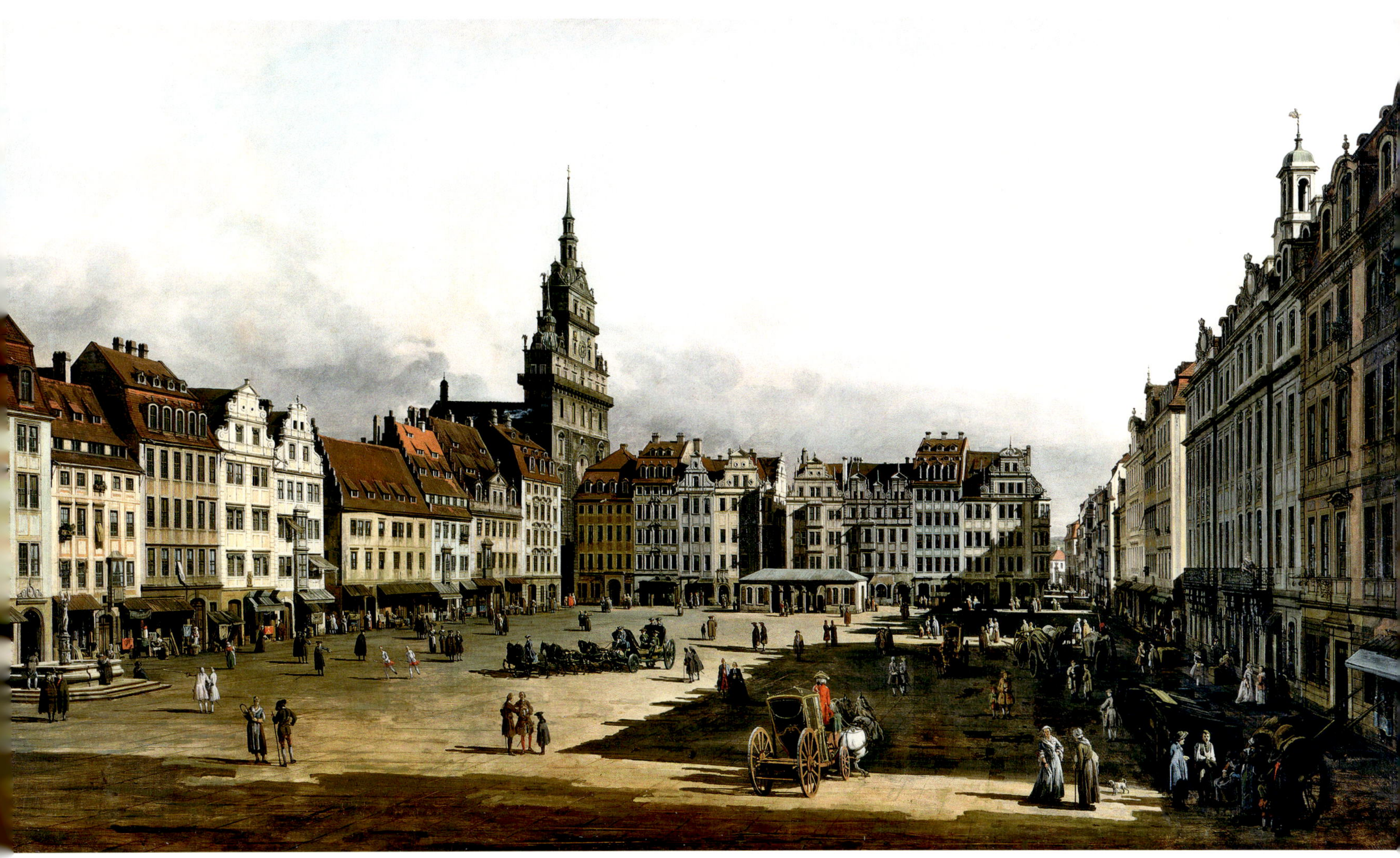

Der Altmarkt in Dresden von der Schlossgasse aus, 1750

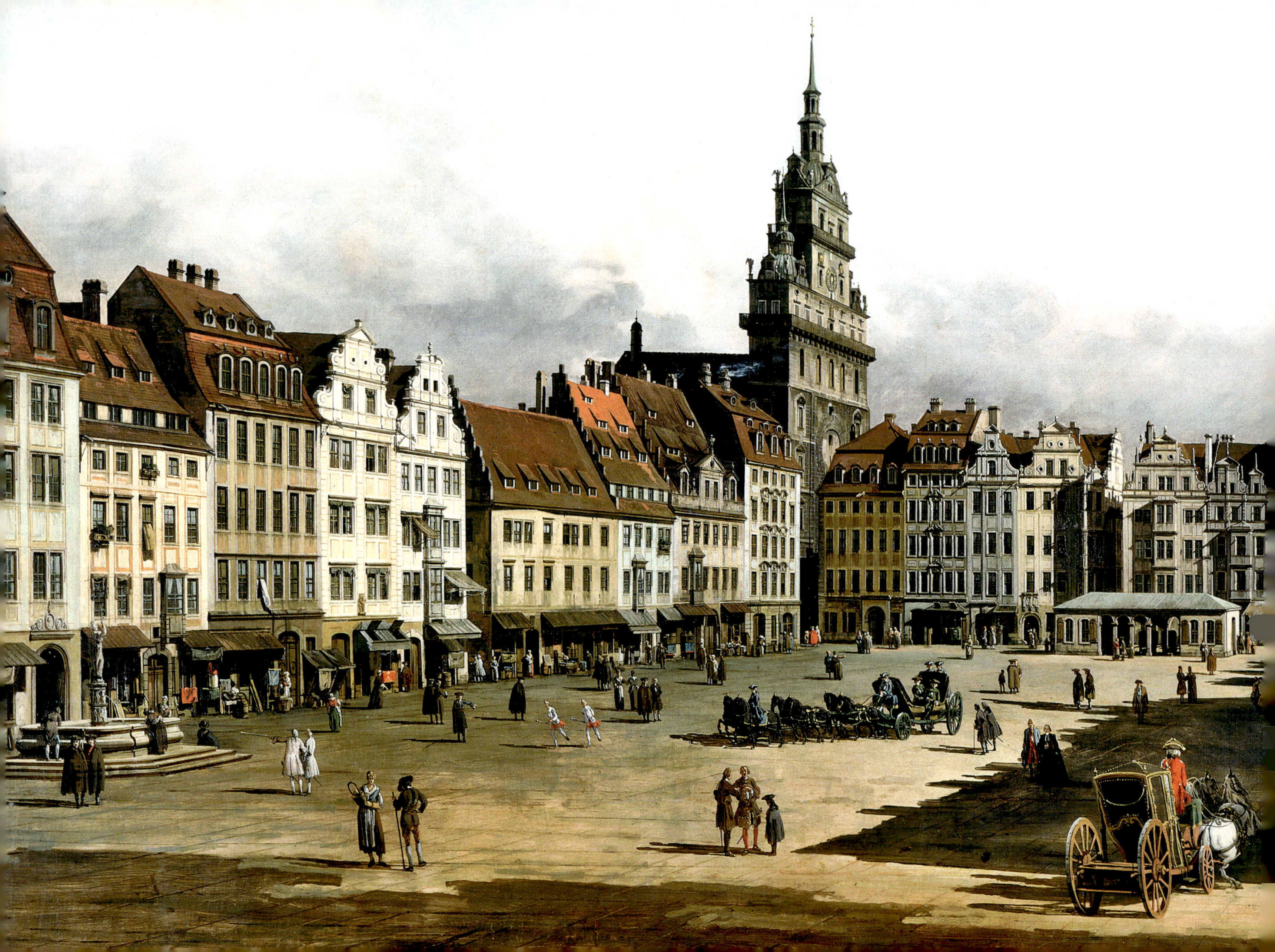

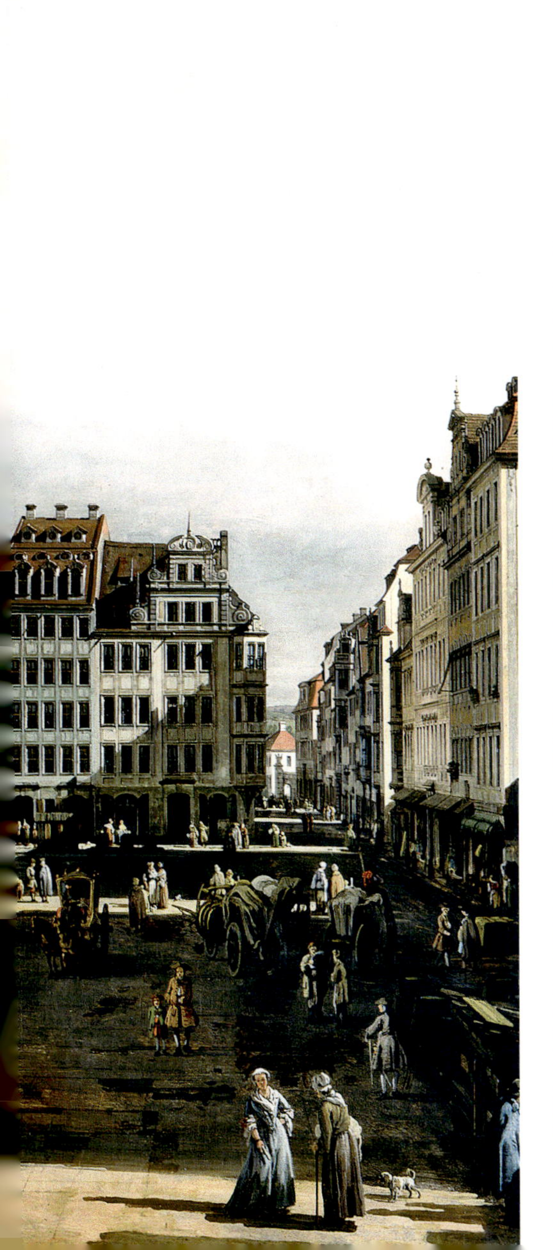

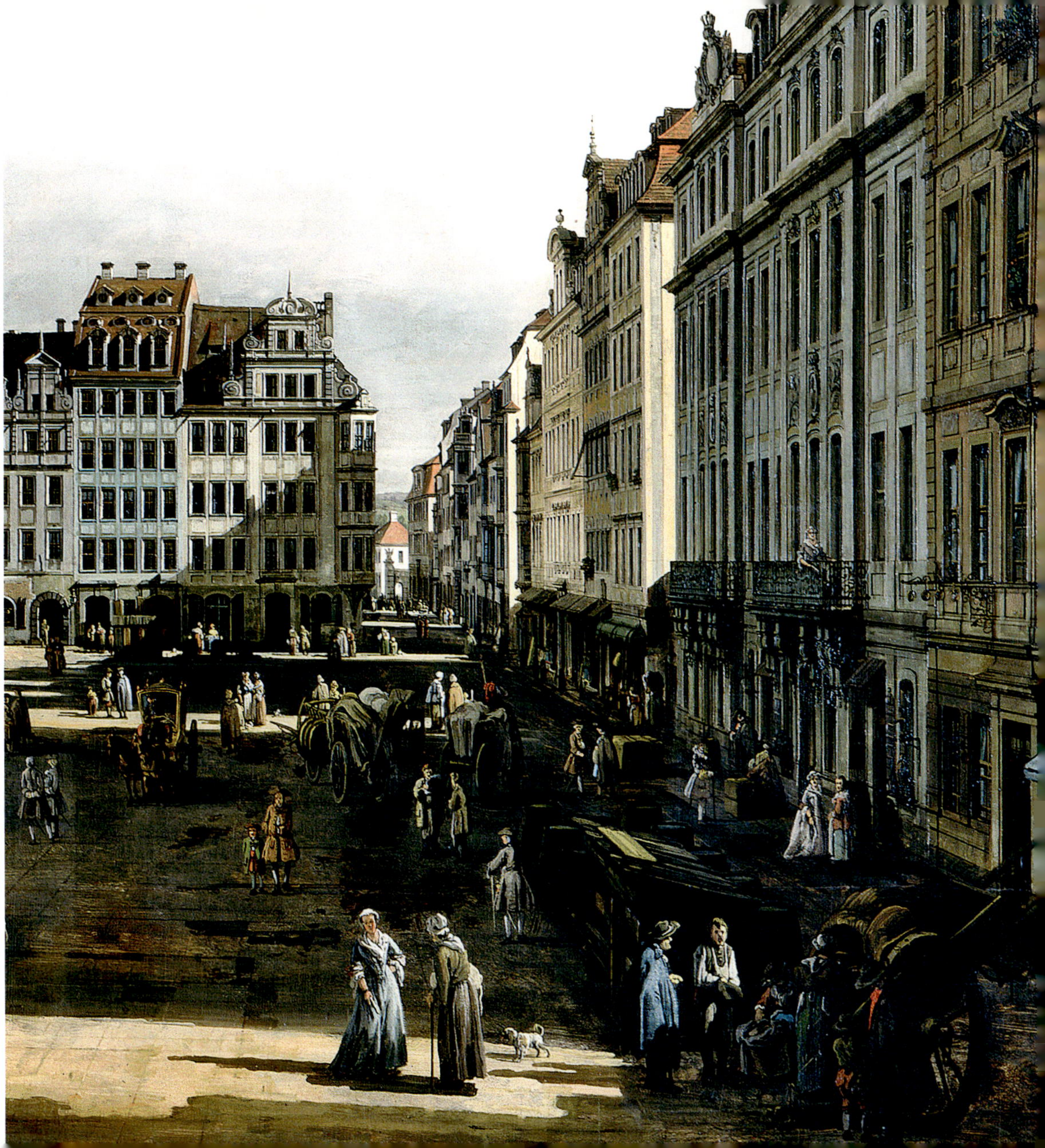

9. STATION: ALTMARKT

▸ **Der Altmarkt in Dresden von der Seegasse aus, 1750**

Die veduta der ehemaligen Kreuzkirche hat mio padre nicht von einem einzigen Standort ausgemalt. Den linken Teil, den Blick in die Kreuzgasse, hat er aus dem Fenster im 1. Obergeschoss des Eckhauses am Altmarkt gemalt, die untere Partie des rechten Teils aus einem Fenster frontal vor dem Kirchenportal, und den oberen Teil des Kirchturms dann noch aus einem ganz anderen Gebäude dann noch aus einem ganz anderen Gebäude: vom Dach des Hauses am Altmarkt, wo unser Rundgang gleich im Altmarkt Gaffe enden wird. Von dort oben hatte er eine unverzerrte Sicht auf den oberen Teil des Kirchturms.

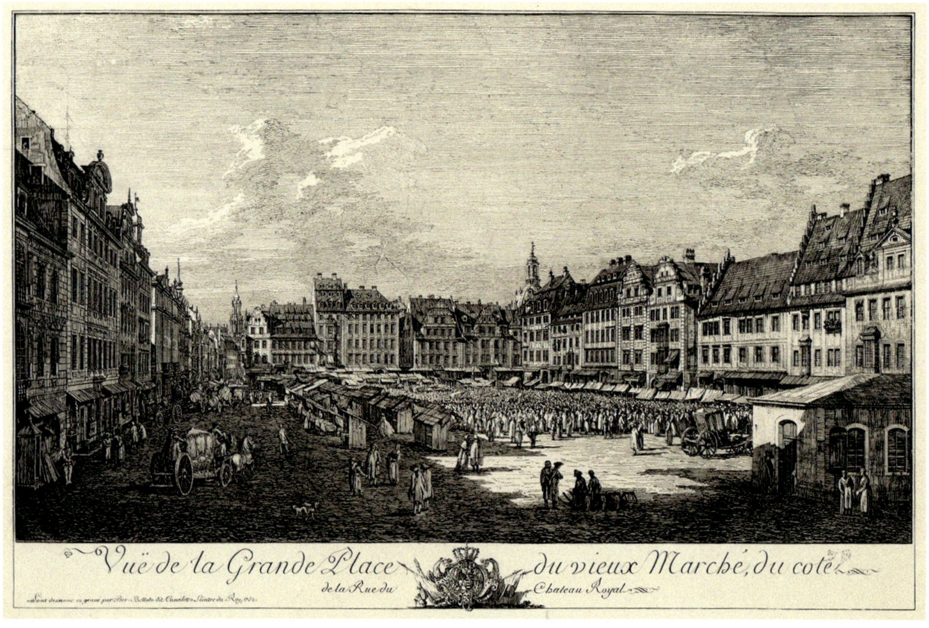

Der Altmarkt in Dresden von der Seegasse aus, 1750
„Vue de la Grande Place du vieux Marchë, du coté de l'Eglise de laS.te.Croix et la Ruë de la Porte neuve"

In der veduta mit der abgerutschten Rückseite der Kreuzkirche sind einige Figuren zu sehen, die auch auf der veduta von der Westseite der ehemaligen Kreuzkirche zu erkennen sind, zum Beispiel der linken Engel mit dem Strahlenkranz über der Glockenstube, in der noch eine Glocke liegt. In Friedenszeiten wurden bei besonderen Anlässen Salutschüsse abgefeuert. Die Preußen wussten aus der Besatzungszeit genau, dass die kleinen Salut-Kanonen völlig harmlos sind. Trotzdem wurde der Befehl gegeben, diese „gefährlichen Geschütze" auszuschalten, und ein Zielschießen veranstaltet, um diesen Beobachtungsturm zu zerstören.

Doch wenden wir uns dem Altmarkt zu!

Sie haben vorhin schon aus der Schlossgasse dort drüben einen Blick hierher auf den Altmarkt geworfen. Das Gegenstück zu dieser Vedute hat mio padre aus dem Erker des schönen Bürgerhauses am Markt gemalt, das an der Ecke zur Schlossgasse steht, und auf der anderen veduta des Altmarkts von der Schlossgasse aus zu sehen ist. Das Chaisenträger-Haus ist auf beiden Veduten zu sehen.

An Markttagen werden entlang der Häuserfront an der Westseite Fuhrwerke und Fässer mit Löschwasser abgestellt. Hier blicken wir von der Seegasse nach Norden in die Schlossgasse. Sie sehen den Kirchturm der Katholischen

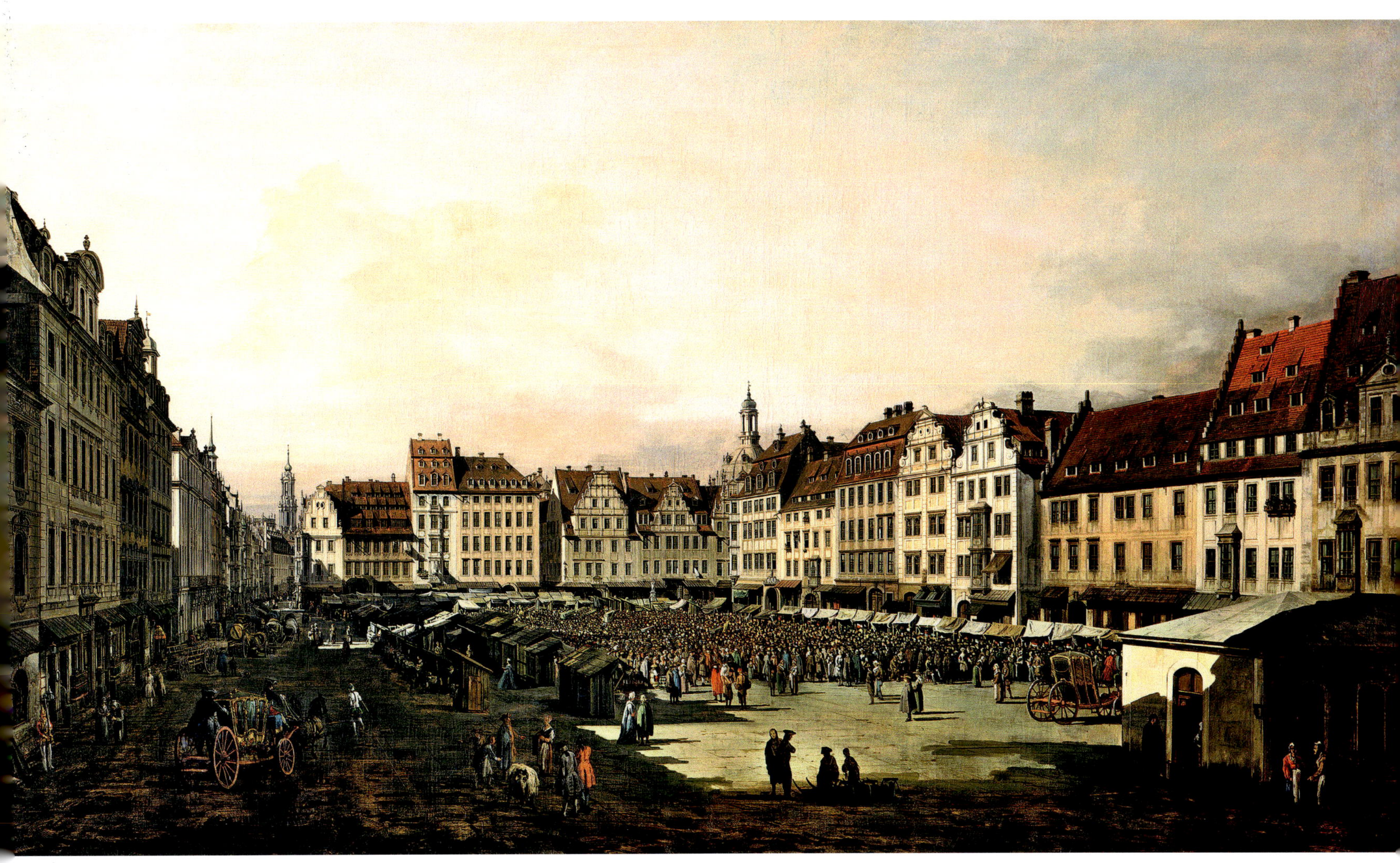

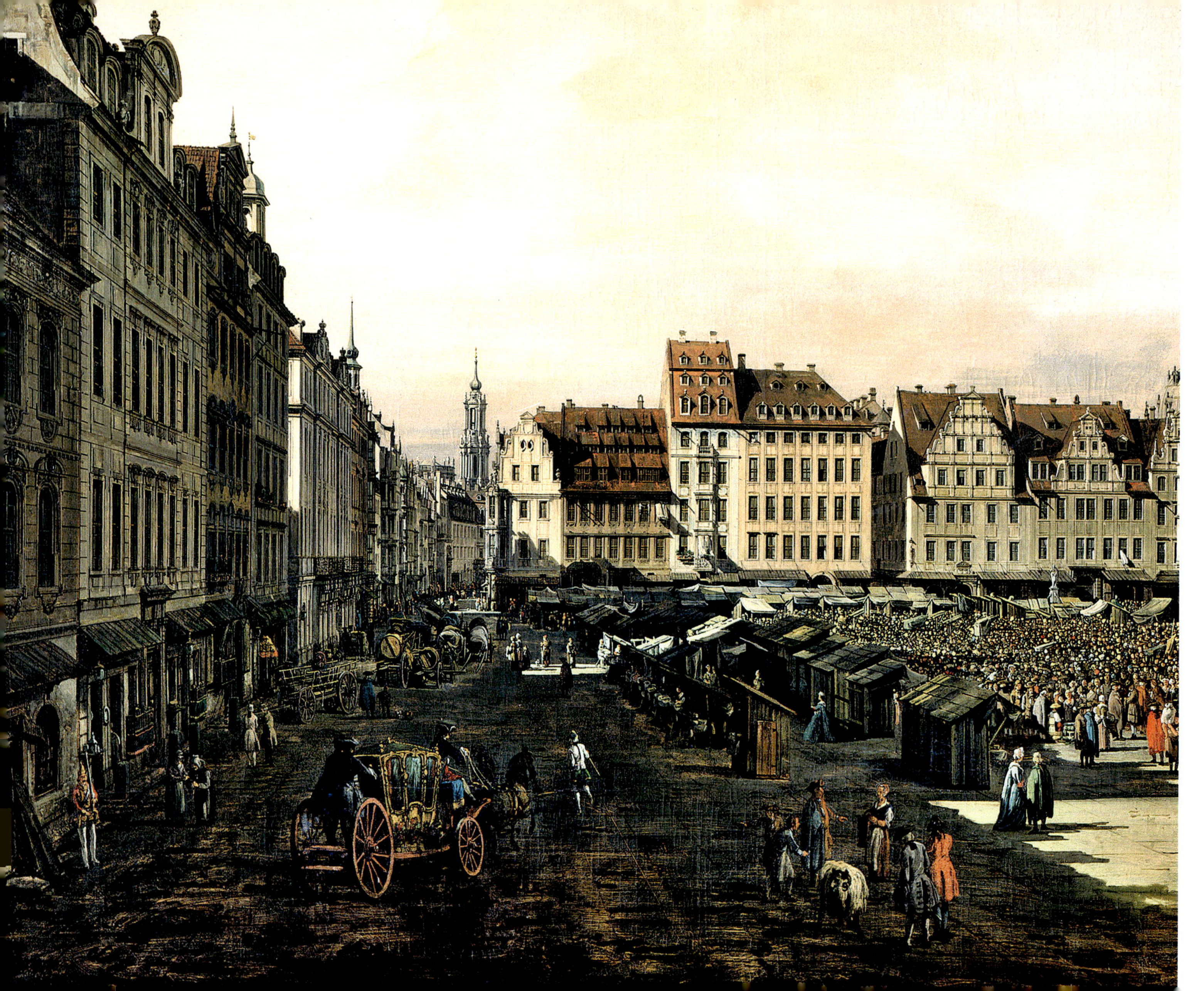

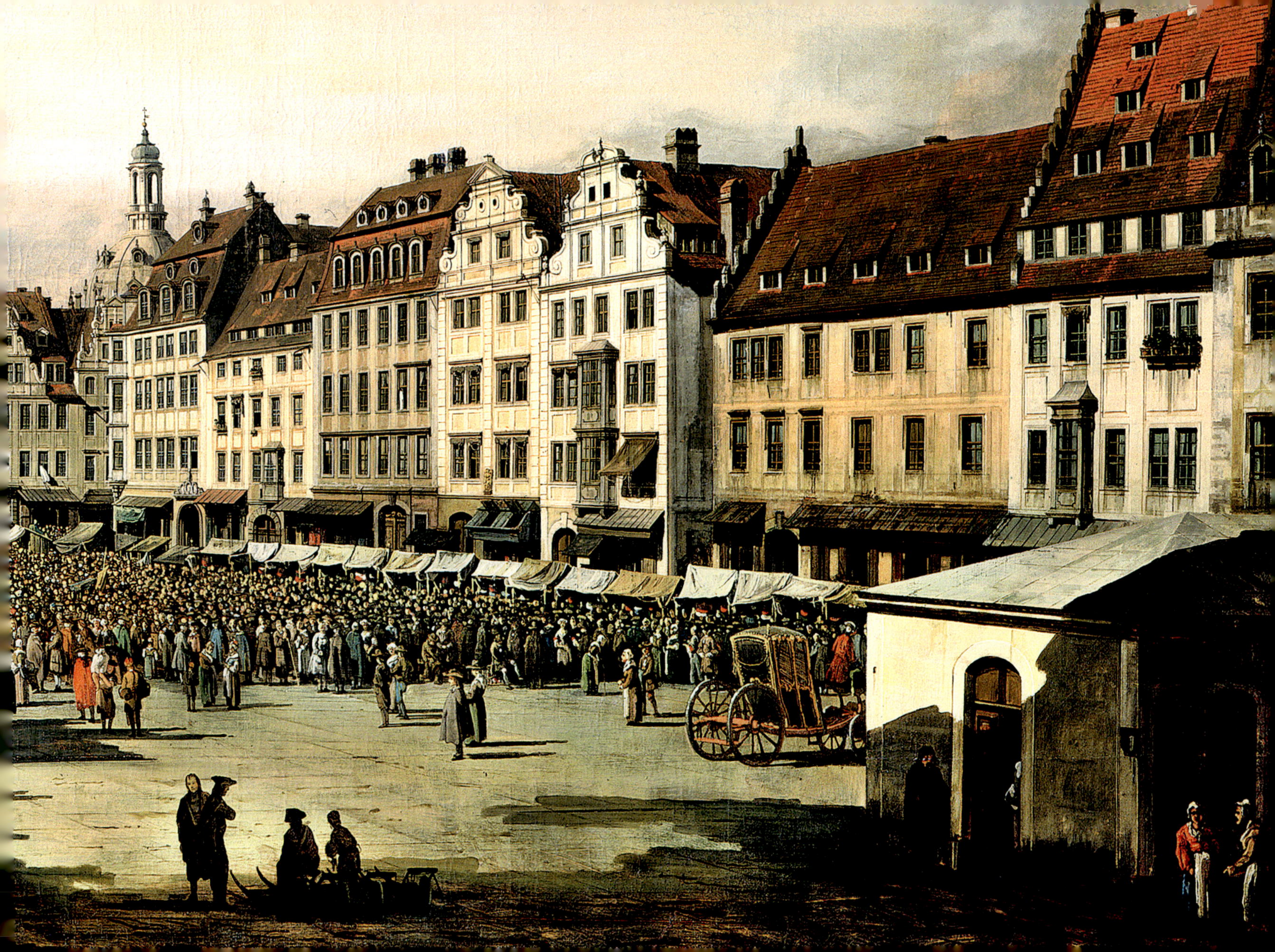

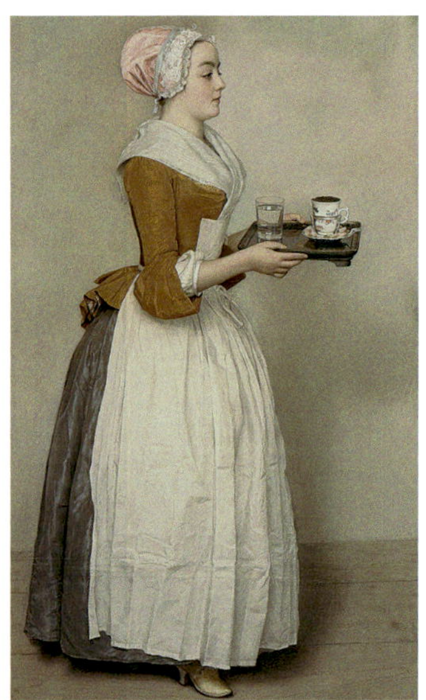

Jean-Étienne Liotard, Das Schokoladenmädchen, 1744

Hofkirche, rechts drüben auch die steinerne Kuppel der Frauenkirche mit ihrer Laterne. Das Marktgewimmel, das die Dresdner „Gewürche" nennen, ist beträchtlich und für einen Maler nicht einfach zu malen. Im Vordergrund hat mio padre eine nette kleine Szene hineingemalt, bei der um den Preis für einen Schafsbock gefeilscht wird. Das hat uns richtig Spaß gemacht.

Heute ist zwar kein Markttag, aber mio padre hat von hier, genauer: aus dem Erkerfenster des Altmarkt Gaffe, das Markttreiben gemalt. Und dieses Erkerfenster finden Sie auch auf der Vedute von der Schlossgasse aus.

Sie werden erschöpft sein von unsrer Stadtführung.

Wir haben für Sie in der Beletage des Eckgebäudes Altmarkt an der Seegasse den Raum reserviert, aus dem heraus mio padre seine veduta des Altmarkts mit Blickrichtung Schloss an einem Markttag gemalt hat. Der Turm der Hofkirche war damals übrigens noch nicht fertig! Aber er ist dann doch so schlank gebaut worden, wie er ihn am Ende der Schlossgasse gemalt hat.

Im Altmarkt Gaffe können Sie sich gern einen Kaffee oder eine heiße Schokolade bestellen, die Ihnen von einer ganz entzückenden Bedienung gebracht werden wird.

Das wird Ihre Lebensgeister – und auch die unsrigen – wiedererwecken.

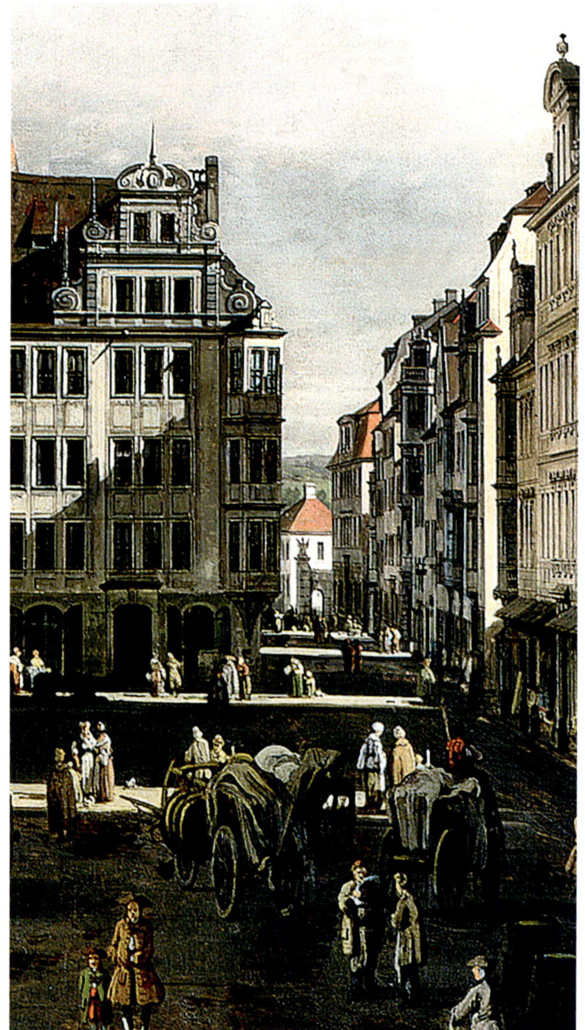

Ausschnitt aus der Vedute „Der Altmarkt in Dresden von der Schlossgasse aus, 1750

Und dann stehen wir Ihnen auch gern für Fragen zur Verfügung, die Sie wahrscheinlich nach unserem Stadtrundgang noch haben werden.

10. STATION: IM CAFÉ ALTMARKT

Miei onorévoli signore e signori!

Nachdem Sie sich von den Strapazen des Rundgangs doch wohl inzwischen etwas erholt und erfrischt haben, stehen wir Ihnen für Fragen, die Sie sicher noch haben werden, gern zur Verfügung. Lorenzo übersetzt weiterhin simultan in gewohnter Manier.

Maestro, ich darf Ihnen im Namen unserer kleinen – aber feinen – Delegation aus Monaco, das wir Bayern München nennen, sehr herzlich danken für Ihre sehr persönlichen, ja geradezu intimen Ausführungen bei unserem heutigen Stadtrundgang. Wir haben sehr viel Interessantes erfahren und den Eindruck gewonnen, dass Sie, und auch Ihr Sohn, an dieser wunderschönen Stadt mit Leib und Seele hängen.

Übrigens ist auch mein Sohn, François Cuvilliés der Jüngere, in meine Fußstapfen getreten, nämlich als Architekt am Wittelsbacher Hofe.

Ich darf Ihnen nun kurz die Mitglieder unserer Delegation vorstellen:

Der wichtigste unter uns ist Graf Berchem, der bayerische Außenminister. Er wird mit Kurprinz Xaver Gespräche über die wirtschaftliche Zusammenarbeit führen, an denen auch Graf Kaiserstein teilnehmen wird. Seine junge Gattin begleitet ihn auf dieser Reise. Die Grafen Haimhausen und Seinsheim genießen ebenfalls die Annehmlichkeiten, in Begleitung ihrer Gattinnen zu reisen. Die Damen wollten unbedingt Dresden kennen lernen. Und dieses Verlangen haben nicht zuletzt Sie, Maestro, mit Ihren wunderbaren Veduten der bayrischen Residenzstadt München entfacht.

Im Namen unserer Gruppe darf ich Ihnen zuerst noch ein Geschenk überreichen, zur Erinnerung an Ihr Jahr in München. Wir haben in Monaco zwar keine Kupferstecher, die Ihnen das Wasser reichen können, aber immerhin hat ein nicht unbegabter Kupferstecher namens Jungwierth Ihre schöne Vedute „München von Haidhausen aus gesehen" gestochen. Sie waren ja vor 6 Jahren viel zu sehr mit der Vedute Münchens von linken Ufer der Isarbrücke und den beiden Veduten von Schloss Nymphenburg beschäftigt.

Besten Dank, das ist sehr aufmerksam von Ihnen. Es wird einen Ehrenplatz in unserer Wohnung erhalten, nicht wahr, mio padre?

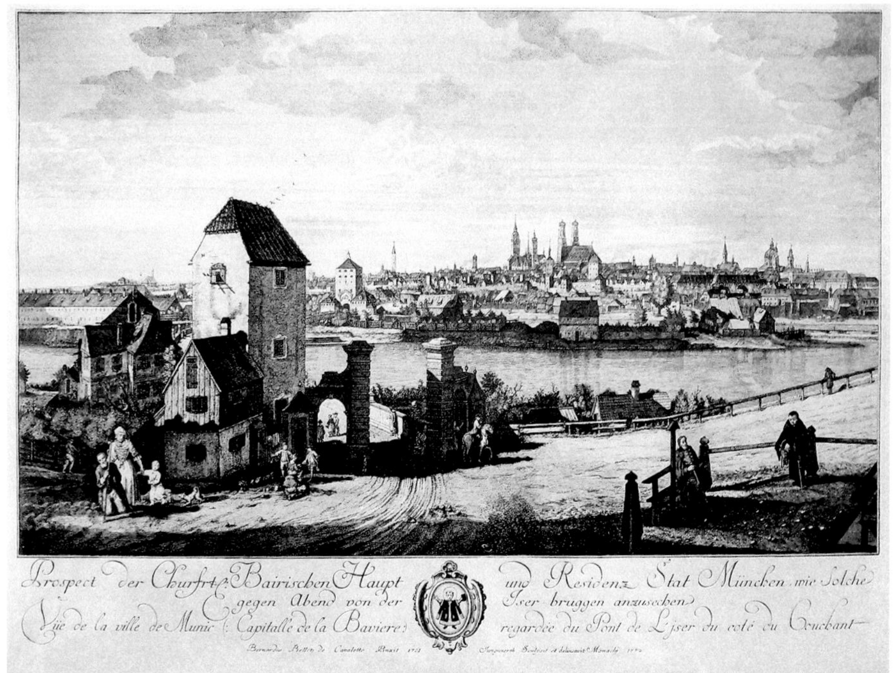

Franz Xaver Andreas Jungwierth, München von Haidhausen ausgesehen, 1762

Vielleicht darf ich gleich mit einer Frage beginnen? Denn ich vermute, dass der Eine oder die Andere unter uns das frisch Erlebte gerne anhand Ihrer Gemälde und Drucke gerne noch etwas vertiefen möchte und vielleicht auch ein kleines Andenken an unsren Besuch in Dresden, aus Ihrer Werkstatt, mit nach Hause nach München mitnehmen möchte.

Also: Wo kann man Ihre Veduten sehen?

Die Veduten, die mio padre hier als Hofmaler vor dem Siebenjährigen Krieg gemalt hat, sind leider zurzeit nicht zugänglich. Die Originale wurden vertragsgemäß an die Galerie geliefert, registriert und ins Depot gestellt. Für welches Schloss sie bestimmt waren, das kann ich Ihnen nicht sagen, die Dresdner Königsserie möglicherweise für Schloss Hubertusburg, aber dann kam ja der Siebenjährige Krieg, und das Schloss wurde von preußischen Soldaten geplündert. Damals waren wir übrigens gerade bei Ihnen in Monaco. Man kann von Glück reden, denn wenn meine Dresdner vedute auf Hubertusburg gehangen hätten, wären sie wohl alle zerstört worden.

Zu sehen waren in Dresden bisher lediglich die Repliken, die mio padre für Conte Brühl – meist noch im gleichen Jahr – im gleichen Format wie für unseren königlichen Dienstherrn Augusto III gemalt hat, insgesamt 22 sehr schöne Stücke. Sie hingen in der Brühlschen Gemäldegalerie, einige auch in seinem Palais. Doch diese Orte sind zurzeit nicht mehr zugänglich. Denn der Besitz des Conte wurde nach seinem Tod vom kurfürstlichen Hof konfisziert. Man ging davon aus, er habe sich auf unrechtmäßige Weise in seinem Amt als Premierminister auf Staatskosten bereichert. Also wurde er posthum, zusammen mit einigen seiner Mitarbeiter, einem hochnotpeinlichen Gerichtsverfahren unterzogen. Man hat jedoch nichts Schwerwiegendes gefunden und wird den Prozess wohl demnächst beenden. Dann erst werden seine Erben auf den Besitz zugreifen können.

An dieser Stelle möchte ich nochmals betonen, dass wir sehr froh und dankbar waren, als mio padre von unserer großherzigen Gönnerin, der Kurfürstenwitwe, und ihrem Schwager, dem Verwalter Prinz Xaver, die Genehmigung erhielt, fünf seiner Repliken zurückzuholen und veräußern zu dürfen. Wir betrachten dies als eine noble Geste der Entschädigung für die herben Verluste, die wir durch den Bello Prussico in Dresden erlitten haben. Aus den Repliken haben wir die ersten vier Dresdner vedute und die veduta „Neumarkt von der Moritzstraße aus" an uns genommen.

In den letzten beiden Jahren hat mio padre nur drei vedute gemalt, als erste die veduta der Pirnaischen Vorstadt in Trümmern, die jetzt im Besitz von Prinz Xaver ist, dann letztes Jahr aus Anlass unserer Aufnahme in die Accademia, nochmals die Dresdner Altstadt vom Neustädter Brückenkopf, diesmal aus dem Blockhaus, und dann noch einem Panorama-Blick ins Elbtal in Richtung Pirna. Diese vedute ist schon fast vollendet, mio padre muss ihr nur noch ein paar malerische Glanzlichter aufsetzen. Es war schön dort draußen in dieser wundervollen Landschaft.

Von welchen Veduten können wir noch Radierungen erwerben?

Wie ich schon bei unserem Rundgang erwähnte, haben wir bei dem Bombardement Dresdens durch den Re Prussico all unser Hab und Gut in der Salzgasse verloren, darunter viele Drucke, sämtliche Kupferplatten und auch die Einrichtungen der Druckwerkstatt. Inzwischen haben wir sie wieder einigermaßen hergerichtet und auch schon einige Radierungen nach Repliken angefertigt. Sie sollten uns mal in der Salzgasse besuchen, dann können Sie sehen, was wir noch auf Lager haben.

Und wenn ich noch etwas fragen darf, Maestro: Sie kennen ja vermutlich meine Entwürfe für die Auffüllung des Stadtgrabens, den Sie auf drei Ihrer Veduten dargestellt und so wunderbar gemalt haben.
Was halten Sie von einer Auffüllung dieser inzwischen doch überholten Art von Stadtbefestigung?

Schon August dem Starken war bewusst, dass die Festungswerke der Altstadt militär-technisch veraltet waren. Wir finden sie nach wie vor malerisch sehr reizvoll. Natürlich kann man den Stadtgraben zuschütten und darauf Alleen und kleine Gärten anlegen. Aber wer soll das bezahlen? Sachsen ist doch praktisch bankrott. Ihr Plan scheint uns erst längerfristig realisierbar. In hundert Jahren könnten die Alleen sehr schön aussehen und zu bedeutenden städtischen Verkehrsadern werden.

Woran arbeiten Sie zurzeit sonst noch?

Wir arbeiten zum einen an Idealveduten, also Architektur-Capriccii. Das ist ja auch der Gegenstand unserer Lehrveranstaltungen in Perspektive an der Accademia, bei denen ich, Lorenzo, mio padre sehr gut unterstütze. Dann gibt es natürlich immer Repliken zu malen, im Kabinett-Format für Kunstliebhaber wie Sie. Außerdem arbeitet mio padre wie gesagt an einer großformatigen Landschaftsveduta des Elbtals mit Blick vom Meuschaer Hof, einem Vorwerk von Gut Gamig. Der Blick reicht von Schloss Pillnitz bis Pirna Sonnenstein und die Berge im Elbsandsteingebirge. Darauf ist sogar die Festung Stolpen zu sehen, auf der im vergangenen Jahr die Contessa Coselli im Alter von 85 Jahren verstorben ist, die Mutter unsres neuen Hausbesitzers, den Sie ja bei unsrer Stadtführung persönlich kennengelernt haben. Möglicherweise wird diese Landschaftsveduta vom oberen Elbtal unsere Abschiedsveduta, denn unser Vertrag an der Accademia läuft nur noch bis Jahresende.

Oh! Wie lange werden Sie noch in Dresden bleiben?

Das kann ich nicht sagen. Die Aussichten als Vedutenmaler sind hier nicht die besten. Wir müssen ja auch an unsere Familie denken. Unsere finanzielle Situation ist ziemlich prekär. Vielleicht erhalte ich bis zum Jahresende noch ein interessantes Angebot. Der Erlös der Repliken war nur ein Tropfen auf den heißen Stein, wie man hier zu sagen pflegt.

Noch eine persönliche Frage:

Dass Sie sich Canaletto nennen wie Antonio Canal, das ist für manche etwas verwirrend. Dieser Canaletto der Ältere soll inzwischen aus London nach Venedig zurückgekehrt sein.
Haben Sie Kontakt mit ihm und zieht es auch Sie wieder nach Venedig?

Den ersten Teil Ihrer Frage muss ich mit „nein“ beantworten, den zweiten mit „ja“.

Ja, wir schreiben einander. Für mio padre war er Onkel und Lehrmeister. In der Tat lebt er jetzt wieder in Venezia, und er hält engen Kontakt zu meiner Großmutter, der Schwester von mio padre. Als Antonio Canal das erste Mal nach London fuhr, hat mio padre in Venezia seine Werkstatt geleitet. Aber dann kam ja der Ruf aus Dresden, dem wir gefolgt sind.

Wissen Sie, wie Antonio zu seinem Künstlernamen Canaletto gekommen ist?

Das ist eine nette Anekdote.
Mein Urgroßvater Bernardo Canal war Kulissenmaler für verschiedene Theater- und Opernhäuser in Venezia. Er hat seinen kleinen Antonio oft mitgenommen, wenn er dort zu arbeiten hatte. Da haben Schauspieler, Sänger und Musiker gefragt: Wer ist denn der aufgeweckte Kleine? Und bekamen zur Antwort: der kleine Canal, also der Canaletto. So kam das.

Für meinen Urgroßvater war mio padre ein Canaletto, er trägt auch seinen Vornamen, und mein Uronkel hat das akzeptiert. Mio padre hat auch noch einen jüngeren Bruder namens Pietro, der das Malen ebenfalls in Antonios Werkstatt gelernt hat, hauptsächlich von mio padre. Urgroßvater hat ihn ebenfalls liebevoll Canaletto genannt. Mein Urgroßvater ist gestorben, als ich, Lorenzo, zwei Jahre alt war, und er hat auch mich Canaletto gerufen. Als wir nach Dresden gingen, ist Pietro nach Frankreich ausgewandert. Er hat dort als Landschaftsmaler gearbeitet. Seine vedute hat er gelegentlich ebenfalls mit Canaletto gezeichnet. Das wäre also Canaletto III.

Und dann werde ich, Lorenzo, Canaletto IV, wenn ich so weitermache!

Dresden steht im Ruf, die Geburtsstätte des Klassizismus zu sein.
Was halten Sie von einer Renaissance des griechischen Altertums in Sachsen?

Was soll ich dazu sagen? Unsre Veduten sind eigentlich eher klassisch, jedenfalls nicht barock ausschweifend. Die Staffage ist zeitgemäß, aber es sind keine edlen Griechen. Solche Historienbilder malen wir nicht, neuerdings jedoch gelegentlich biblische Szenen. Wir lieben die Welt, in der wir leben, wir brauchen nicht die Idealwelt der Griechen. Das hatten wir in Italien schon mal bei den alten Römern und später wieder in der Renaissance.

Wir finden, Winckelmann hat in seinen theoretischen Schriften, wie übrigens auch sein Freund Hagedorn, etwas überzogen. Direktor Hagedorn macht ja auch kein Hehl daraus, dass wir an der Accademia entbehrlich seien. Was sollen wir dagegen tun? Er hat das Sagen. Schließlich ist er der Direktor der Kunstakademie und inzwischen auch Generaldirektor der kurfürstlichen Gemäldegalerie. Vielleicht wird er Sie ja morgen durch die Galleria führen. Einen kompetenteren Gesprächspartner hätten Sie allerdings in Enrico von Heineken, seinem Vorgänger als Chef der Kunstsammlungen. Im Übrigen hat bereits der vor ein *paar Jahren verstorbene Sächsische Oberlandbaumeister Knöffelo einen Baustil gepflegt, der leicht und elegant erscheint, ohne übertriebenes Dekor.*

Wir haben Ihre Münchner Veduten studiert und bewundert, einige von uns erinnern sich auch noch an das hölzerne Gerüst im Park, das Ihr Malgehäuse in luftiger Höhe stützte.

Ihre Veduten, Maestro, geben die Wirklichkeit sehr genau und mit erstaunlichen Details wieder. Wie schaffen Sie das eigentlich?
Benutzen Sie eine Camera obscura?

Mio padre hat von seinem Onkel Antonio natürlich den richtigen Umgang mit der kleinen handlichen Camera obscura gelernt, die inzwischen ja auch von Bildungsreisenden benutzt wird, die ihr Tagebuch mit Zeichnungen illustrieren möchten. Damit kann auch ein ungeübter Zeichner ziemlich gute Skizzen herstellen, auch unauffällig kleine Szenen festhalten oder Bildausschnitte prüfen. Doch bei unseren vedute da Dresda hat eine solche camera keine nennenswerte Rolle gespielt.

Mio padre hat seine vedute da Dresda immer aus einem Raum heraus gemalt, aus dem er das Panorama unmittelbar vor sich hatte. Er befand sich, wenn Sie so wollen, immer im Inneren seiner camera ottiche. In Dresden waren es meis-

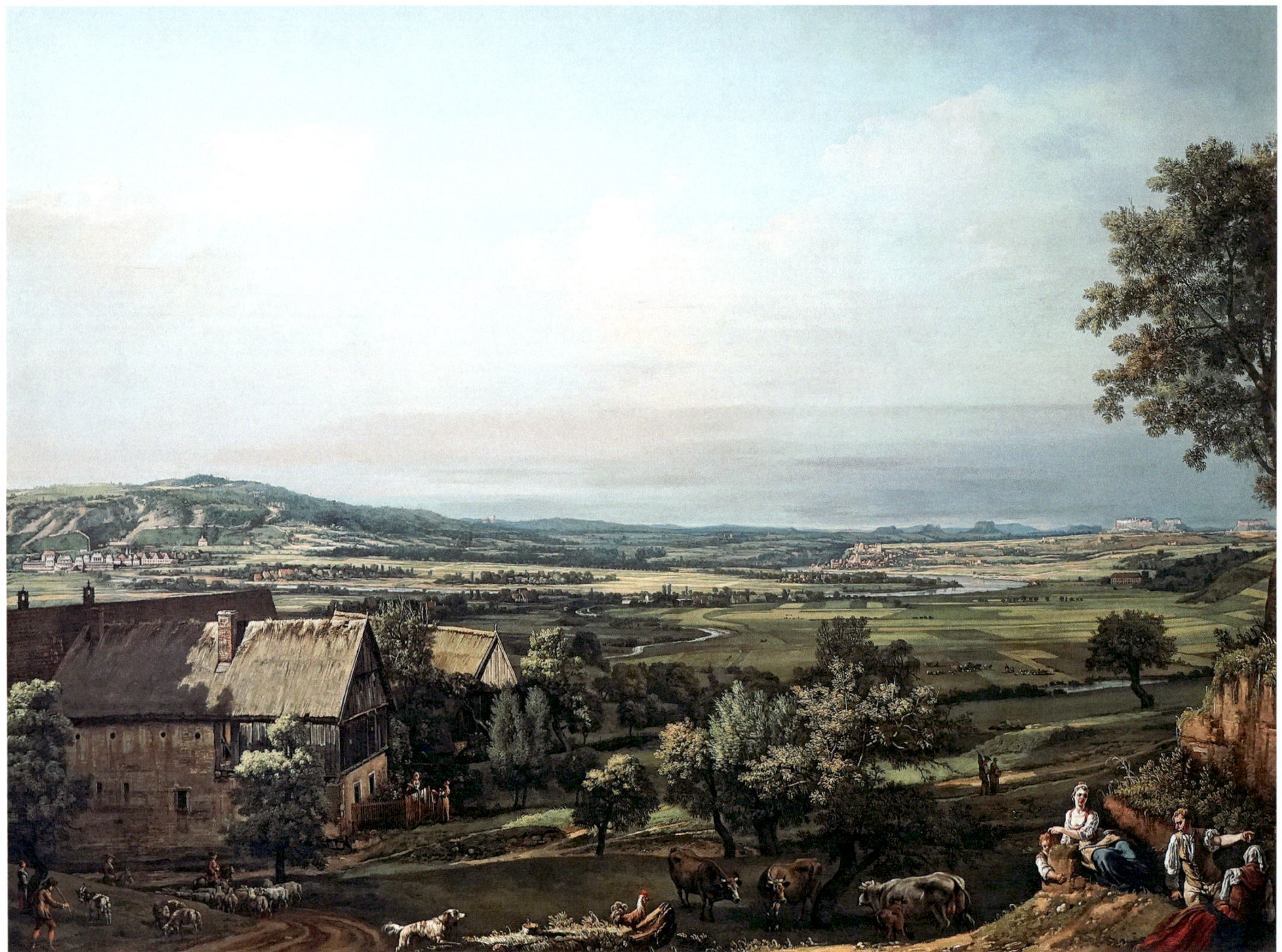

tens Räume, zu denen er als Hofmaler Zutritt hatte. Für Pirna hat ihm Conte Brühl eine Vollmacht ausgestellt, mit der er auch private Räume vorübergehend und kurzzeitig in camere ottiche verwandeln konnte, aus denen heraus er sein Panorama malte. Zum Malen von Details hat er manchmal auch unser Fernrohr zu Hilfe genommen.

Das meiste hat mio padre bei offenem Fenster nach der Natur gemalt. In unserem Studio in der Salzgasse hat er dann die Feinarbeit erledigt und die Staffage gemalt. Selbstverständlich setzen wir für Radierungen und Repliken im Atelier auch Spiegel und Linsen ein, um den langwierigen Herstellungsprozess etwas effizienter zu gestalten, denn wir mussten ja alles alleine machen. Die technischen Details dürften für Sie wohl kaum von Interesse sein. Sie sind ziemlich kompliziert und beruhen auf jahrelanger Erfahrung. Außerdem ist dies auch so etwas wie ein Betriebsgeheimnis, und das lüften wir nur ungern. Ich will Ihnen heute nur so viel verraten: Meistens verwenden wir eine konvexe Linse mit einer Brennweite von 1000 mm, die in Venedig gegossen und geschliffen worden ist.

Bitte haben Sie Verständnis dafür, dass wir zu unsrer Camera-Obscura-Technik keine weiteren Angaben machen möchten. Jedenfalls setzen wir sie im Atelier in der Salzgasse für verschiedene Arbeitsschritte ein, die bei der Herstellung von Radierungen und Repliken unterschiedlicher Formate anfallen. Wir können hier wirklich nicht in die Details gehen. Wenn es keine weiteren Fragen gibt, dann möchten wir uns nun von Ihnen verabschieden.

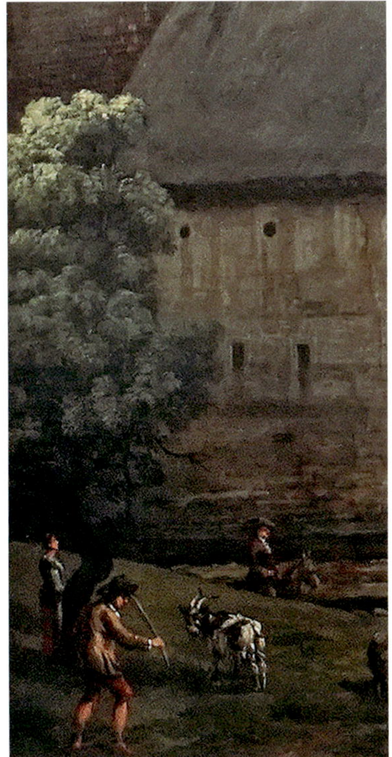

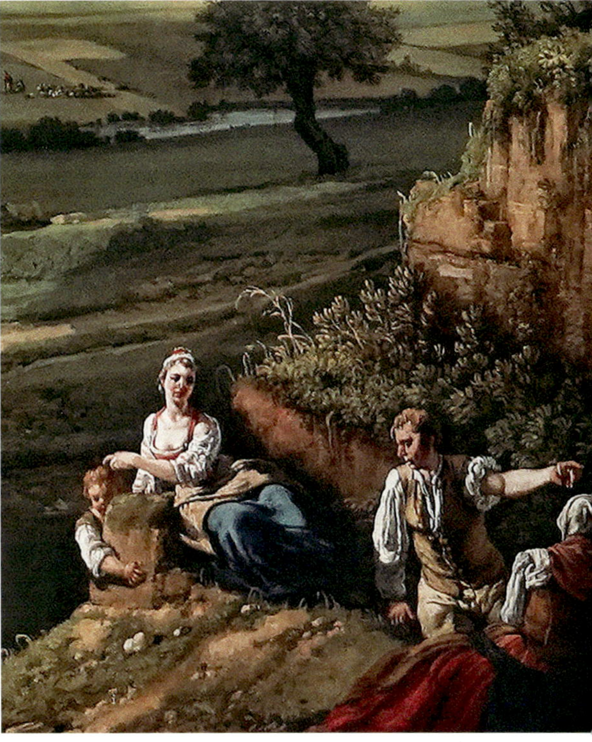

Nochmals herzlichen Dank für Ihr Interesse. Es war ein anregender, aber auch anstrengender Tag für uns alle.

Wir wünschen Ihnen noch ein paar schöne Tage in Dresden. Und grüßen Sie bitte Ihr schönes Monaco!

Arrivederci, miei nobilissimi Signore e Signori!

Ausschnitt aus Bellottos „Abschiedsvedute“, August 1766

Blick über das Elbtal nach Pillnitz und Pirna, 1766

LITERATURHINWEISE

Asisi, Yadegar (2013): Dresden – Mythos der barocken Residenzstadt. asisi Edition, Berlin.

Baganz, Dorothée (2010): Der Dresdner Zwinger. Michael Imhof Verlag, Petersberg.

Bowron, Edgar Peters ed. (2001): Bernardo Bellotto and the Capitals of Europe. Katalog zur Ausstellung im Museum of Fine Arts, Houston 29.7. bis 21.10.2001 auf der Basis des Katalogs der Ausstellung „Bernardo Bellotto 1722–1780" im Museo Correr vom 10.2. bis 27.6.2001, herausgegeben von Božena Anna Kowalczyk und Monica da Cortà Fumei. Yale University Press.

Bückner, Jenny (2010): Ein vergessener Sammler des 18. Jahrhunderts – Johann Heinrich Christian Spahn und sein Verhältnis zur Dresdner Gemäldegalerie. In: Jahrbuch der Staatlichen Kunstsammlungen Dresden, Bd. 36, 92–101.

Fellmann, Walter (2000): Heinrich Graf Brühl, Ein Lebens- und Zeitbild. Köhler & Amelang München Berlin.

Fritzsche, Hellmuth Allwill (1936): Bernardo Bellotto genannt Canaletto. August Hopfer Verlag, Burg bei Magdeburg.

Gatzemeier, Olav (2021): Dresden und die Elbe – Venedig des Nordens. Michael Imhof Verlag, Petersberg

Görner, Eberhard (2009): Der Narr und sein König. Der Taschenspieler Joseph Fröhlich in Dresden. Chemnitzer Verlag.

Henning, Andreas, Sebastian Oesinghaus u. Sabine Bendfeldt Hrsg (2013): Bernardo Bellotto – der Canaletto-Blick. Staatliche Kunstsammlungen Dresden, Gemäldegalerie Alte Meister.

Hertzig, Stefan (2007): Das Dresdner Bürgerhaus des Spätbarock. Gesellschaft Historischer Neumarkt Dresden e.V.

Hertzig, Stefan (2011): Der Historische Neustädter Markt zu Dresden – Geschichte und Bauten der Inneren Neustadt. Gesellschaft Historischer Neumarkt Dresden e.V.

Hertzig, Stefan (2013): Das barocke Dresden – Architektur einer Metropole des 18. Jahrhunderts. Michael Imhof Verlag, Petersberg.

Hertzig, Stefan (2014): Die Rampische Straße zu Dresden. In: Die Dresdner Frauenkirche, Jahrbuch zu ihrer Geschichte und Gegenwart Bd. 18, 221–236.

Herz, Raimund (2015): Bernardo Bellotto als Chronist des Dresdner Baugeschehens Mitte des 18. Jahrhunderts, 2015. In: Jahrbuch des George-Bähr-Forum Dresden der Technischen Universität Dresden, 23–43.

Herz, Raimund (2017): Auf Bellottos Spuren im Coselpalais Dresden. In: Die Dresdner Frauenkirche, Jahrbuch zu ihrer Geschichte und Gegenwart, Bd. 21, 119–138.

Herz, Raimund (2019): Canalettos Dresden – ewig unsre Liebe? – Moderne in Dresden – Spurensuche in einer „Barockstadt". DRESDNER HEFTE Nr. 137, S. 15.

Knobelsdorf, Tobias (2015/6): Der Wiederaufbau der Kreuzkirche nach dem Siebenjährigen Krieg. Teil 1 (2015) und Teil 2 (2016). In: Die Dresdner Frauenkirche. Jahrbuch zu ihrer Geschichte und Gegenwart Bd. 19/20, 71–122, 75–104.

Koja, Stephan und Iris Y. Wagner Hrsg (2018): The Lure of Dresden, Bellotto at the Court of Saxony. Staatliche Kunstsammlungen Dresden, Gemäldegalerie Alte Meister.

Kozakiewicz, Stefan (1972): Bernardo Bellotto genannt Canaletto. Bd. 1: Leben und Werk des Malers, Bd. 2: Bebilderter Katalog der sicheren und der zugeschriebenen Werke. Verlag Aurel Bongers, Recklinghausen.

Löffler, Fritz (1955): Das Alte Dresden. Geschichte seiner Bauten. 17. Auflage 2011, E. A. Seemann Verlag, Leipzig.

Löffler, Fritz (1981): Der Zwinger zu Dresden. Staatliche Kunstsammlungen Dresden. Grafischer Großbetrieb Völkerfreundschaft Dresden.

Löffler, Fritz (1985): Bernardo Bellotto genannt Canaletto, Dresden im 18. Jahrhundert. 3. Aufl. 1990. Koehler & Amelang, Leipzig.

Lühr, Hans-Peter Hrsg. (2009): Zwanzig Jahre neues Dresden. DRESDNER HEFTE, 27. Jg., H. 100, 4/2009.

Manikowska, Ewa (2017): Tra Venezia e Dresda. Il gabinetto di quadri de Bernardo Bellotto nella Salzgasse. In: Heinrich Graf von Brühl. Ein sächsischer Mäzen in Europa. Hrsg. Ute C. Koch und Cristina Ruggero, 212–220. Staatliche Kunstsammlungen Dresden.

Manikowska, Ewa (2012): The rediscovery of Bernardo Bellotto's inventory. The Burlington Magazine, 32–36.

Manikowska, Ewa (2014): Bernardo Bellotto – i jego drezde ski apartament. O to samo ci społecznej i artystycznej eneckiego wedutysty. Instytut Sztuki PAN, Warschau, Dresden.

Marx, Barbara und Andreas Henning Hrsg. (2010): Venedig – Dresden. Begegnung zweier Kulturstädte. E. A. Seemann Verlag, Leipzig.

Marx, Harald und Jürgen Karpinski (1993): Dresden. Stürzt Verlag, Würzburg.

May, Walter (2013): Der Wiederaufbau Dresdens nach den Zerstörungen des Siebenjährigen Krieges – Sachsen zwischen 1763 und 1813. DRESDNER HEFTE 114, 25–33.

Menz, Henner (1959): Die Dresdner Veduten Bernardo Bellottos und ihre figürliche Staffage. In: Staatliche Kunstsammlungen Dresden Hrsg.: Jahrbuch, 34–54.

Menz, Henner (1963): Die Staffage auf Bellottos Bildern. In: Staatliche Kunstsammlungen Dresden Hrsg.: Katalog der Ausstellung BERNARDO BELLOTTO genannt Canaletto in Dresden und Warschau, 1964, 41 f.

Nitzschke, Katrin und Lothar Koch Hrsg. (1991): Dresden – Stadt der Fürsten, Stadt der Künstler. Gustav Lübbe Verlag, Bergisch Gladbach.

Nürnberger, Ralf (2015): Canaletto – seine Jahre in Dresden. Asisi Edition.

Pöllnitz, Carl Ludwig von (1734): La Saxe Galante = Das galante Sachsen, 1992. Verlag Rainer Schmitz, München.

Prinz, Henning (1995): Das Coselpalais, das Palais Hoym und andere herrschaftliche Wohnbauten des Neumarktgebietes – Der Dresdner Neumarkt – Auf dem Weg zu einer städtischen Mitte. DRESDNER HEFTE 44, 21–28.

Puhlmann, Helga (2003): Eine Karriere im Schatten von Rosalba Carriera – Felicità Sartori/Hoffmann in Venedig und Dresden. Zeitenblicke 2, Nr. 3, URL (9.5.15).

Rizzi, Alberto (1995): Bernardo Bellotto – Dresda-Vienna-Monaco. Introduzione. Catalogo delle Opere. Canal & Stamperia Editrice, Venezia. 13–25.

Schädlich, Hans Joachim (2015): Narrenleben. Rowohlt.

Schieferdecker, Uwe (2000): Rundgang durch das alte Dresden. Wartberg.

Schumacher, Andreas Hrsg. (2014): Canaletto – Bernardo Bellotto malt Europa. Ausstellungskatalog, Bayerische Staatsgemäldesammlungen, Alte Pinakothek, München.

Schuster, Martin, und Ketelsen, Thomas Hrsg. (2018): Carl Heinrich von Heineken in Dresden und auf Schoss Altdöbern. Schriftenreihe der Carl Heinrich von Heineken Gesellschaft, Bd. 1, 456 S. Sandstein Verlag, Dresden.

Seipel, Wilfried Hrsg. (2005): Bernardo Bellotto genannt Canaletto. Europäische Veduten. Katalog des Kunsthistorischen Museums Wien.

Staatliche Kunstsammlungen Dresden, Gemäldegalerie Alte Meister (2011): Bernardo Bellotto – Der Canaletto-Blick. Katalog anlässlich der Kabinettausstellung zur Restaurierung der Vedute „Dresden vom rechten Elbufer unterhalb der Augustusbrücke" vom 26.8. bis 20.10.20011. Sandsteinverlag Dresden.

Staatliche Kunstsammlungen Dresden, Gemäldegalerie Alte Meister und Nationalmuseum Warschau (1964): Bernardo Bellotto genannt Canaletto in Dresden und Warschau, Ausstellungskatalog, Dresden.

Walther, Angelo (1995): Bernardo Bellotto genannt Canaletto – Ein Venezianer malte Dresden, Pirna und den Königstein. Verlag der Kunst G+B Fine Arts Verlag.

PERSONEN

August der Starke (1670–1733), August II. König von Polen (1697–1733), Friedrich August I. Kurfürst von Sachsen (1692–1733).
August III. (1694–1763), König von Polen (1733–1763), Friedrich August II. Kurfürst von Sachsen (1733–1763).

Bähr, George (1666–1738), Dresdner Ratszimmermeister.
Bellotto, Bernardo, detto Canaletto II. (1722–1780).Venezianischer Vedutenmaler, in Dresden königlich-kurfürstlicher Hofmaler (1748–1763), ab 1767 in Warschau Hofmaler bei König Stanislaus II. August Poniatkowski.
Bellotto, Christiana (1752–1815), 4. in Dresden geborene Tochter von Bernardo und Maria Bellotto, unverheiratet.
Bellotto, Francesca (1745–1747), Tochter von Bernardo und Maria Bellotto in Venedig.
Bellotto Francisca (1757–1820?), 5. in Dresden geborene Tochter von Bernardo und Maria Bellotto, 2. Frau von Hermann Karl de Perthées.
Bellotto, Henrica (1748–1750), 1. in Dresden geborene Tochter von Bernardo und Maria Bellotto, Taufpate: Heinrich Graf Brühl.
Bellotto, Josepha (1750–1780), 2. in Dresden geborene Tochter von Bernardo und Maria Bellotto, Taufpatin: Maria Josepha von Österreich, 1. Frau von Hermann Karl de Perthées.
Bellotto, Lorenzo, detto Canaletto IV. (1742–1770), Sohn von Bernardo und Maria Bellotto, Vedutenmaler.
Bellotto, Pietro, detto Canaletto III. (1725–1800), Bruder von Bernardo Bellotto, Veduten- und Landschaftsmaler.
Berchem, Maximilian Franz Joseph, Graf von (1702–1777), bayrischer Außenminister unter Maximilian Joseph III. König von Bayern, Mitglied der Münchner Delegation im August 1766.
Brühl, Heinrich von (1700–1763), Graf, sächsischer Premierminister.

Caesar, Johann Carl (1710–1780), Dresdner Oberzeughausschreiber und sächsicher Oberkriegskommissar.
Canal, Antonio (1697–1768), Canaletto I., venezianischer Vedutenmaler.
Canal, Bernardo (1664 –1744), Vater von Antonio Canal, venezianischer Kulissenmaler.
Carriera, Rosalba (1673–1757), venezianische Pastellmalerin.
Checco (ca. 1725–ca. 1800), Diener und Gehilfe von Bernardo Bellotto.
Chiaveri, Gaëtano (1689–1770), römischer Architekt.
Cosel, Friedrich August von (1712–1770), Graf, Sohn von August dem Starken. Militär unter August II und III.
Cuvilliés, François de (1695–1768), Oberhofbaumeister, München, Leiter der Münchner Delegation im August 1766.

Dietrich (detto Dietricy), Wilhelm Ernst (1712–1774), kurfürstlich-sächsischer Hofmaler und Professor der Kunstakademie Dresden.

Ende, Dr. Johann Joachim Gottlob am (1704–1777), Superintendent der evangelisch-lutherischen Landeskirche Sachsens.

Franz Xaver (1730–1806), Prinz von Sachsen und Polen, sächsischer Prinzadministrator (1763–1768).
Friedrich Christian (1722–1763), Kurfürst von Sachsen 1763.
Friedrich II. (1712–1786) König von Preußen, Friedrich der Große.
Fröhlich, Josef (1694–1757), Hofnarr von August II. und III.
Fürstenberg, Anton Egon von (1656–1716), Dresdner Statthalter Augusts des Starken.
Fürstenhoff, Johann Georg Maximilian von (1686–1753), Architekt, Chef des Ingenieurcorps und Stiefbruder Augusts des Starken.

Guarienti, Pietro (1700–1765), venezianischer Maler und Kunsthistoriker, seit 1748 Direktor der Dresdner Gemäldegalerie, Pate von Francesca Bellotto (1745).
Guarini, Ignazio (1676–1748), Beichtvater von August III. und Maria Josepha von Österreich.

Hagedorn, Christian Ludwig von (1712–1780), Kunstsammler und Kunsthistoriker, Generaldirektor der sächsischen Kunstsammlungen und der Kunstakademie in Dresden.
Hainhausen, Graf von (ca.1720–ca.1780), bayrischer Finanzminister unter Maximilian III. Joseph König von Bayern, Mitglied der Münchner Delegation im August 1766.

Hasse, Johann Adolph (1699–1783), Komponist und Oberkapellmeister am Dresdner Hof.

Hasse-Bordoni, Faustina (1697–1781), venezianische Opernsängerin an der Dresdner Oper.

Heineken, Carl Heinrich von (1707–1791), Kunsthistoriker, Autor und Kunsthändler, Direktor des Dresdner Kupferstichkabinetts.

Herder, Johann Gottfried (1744–1803), Dichter, Übersetzer, Theologe, Kulturphilosoph.

Hoffmann, Franz Joseph von (1696–1749, Dresdner Hofrat.

Hoffmann-Sartori, Felicità (1714–1760), Pastell- und Emaille-Malerin

Horaz, Quintus Horatius Flaccus (65–8 v.Chr.), römischer Dichter.

Jungwierth, Franz Xaver Andreas (1720–1790), Münchner Radierer und Kupferstecher.

Kaiserstein, Graf von (ca. 1730–ca. 1780), bayrischer Wirtschaftsminister unter Maximilian III. Joseph König von Bayern, Mitglied der Münchner Delegation im August 1766.

Katharina II. (1726–1796), Zarin von Russland, Katharina die Große.

Klengel, Wolf Caspar von (1664–1691), Architekt, kurfürstlich-sächsischer Oberlandbaumeister.

Knöffel, Johann Christoph (1686–1752), Architekt, kurfürstlich-sächsischer und königlich-polnischer Oberlandbaumeister.

Longuelune, Zacharias (1669–1748), Architekt, kurfürstlich-sächsischer und königlich-polnischer Oberlandbaumeister.

Maria Antonia Walpurgis (1724–1780), Kurfürstin von Sachsen, Vormund von Kurprinz Friedrich August III. von Sachsen.

Maria Theresia (1717–1780), Erzherzogin von Österreich, Königin von Ungarn

Maximilian III. Joseph (1727–1777), König von Bayern.

Mengs, Anton Raffael (1728–1779), Oberhofmaler bei August III.

Mengs, Ismael (1688–1764), Vater von Anton Raffael Mengs, seit 1714 Hofmaler in Dresden.

Permoser, Balthasar (1751–1732), Bildhauer.

Perthées, Hermann Karl de (1740–1815), sächsischer, polnischer und russischer Hofgeograph in Dresden, Warschau, Vilnius, Schwiegersohn von Bernardo Bellotto, verheiratet mit Josepha Bellotto (1750–1780) und nach 1780 mit Francisca Bellotto (1757–ca.1820).

Pöppelmann, Matthäus Daniel (1662–1736), Architekt, Oberlandbaumeister in Dresden.

Pozzi, Niccolò (ca. 1720–ca. 1770), italienischer Altkastrat an der Dresdner Oper.

Schlitterau, Friedrich Gottlob (1730–1782), Dresdner Kupferstecher.

Schwarze, Christoph Gotthard (ca. 1740–ca. 1800), Oberbauamtskondukteur in Dresden.

Schwarze, Julius Heinrich (1706–1775), Architekt, Oberlandbaumeister in Dresden.

Seinsheim, Joseph Franz Maria, Graf von (1707–1787), bayrischer Innenminister unter Maximilian Joseph III. König von Bayern, Mitglied der Münchner Delegation im August 1766.

Spahn, Johann Heinrich Christoph (ca.1710–ca.1778), Dresdner Oberrechnungsinspektor.

Thiele, Johann Alexander (1685–1752), königlich-polnischer und kurfürstlich-sächsischer Hofmaler.

Winckelmann, Johann Joachim (1717–1768), Dresdner Archäologe, Archivar und Kunsthistoriker.

Zucci, Lorenzo (1704–1779), venezianischer Kupferstecher und Radierer, Professor an der Dresdner Kunstakademie.

DANK

Die Betrachtung von Canalettos Dresdner Veduten in der Gemäldegalerie Alte Meister Dresden und das Studium der umfangreichen kunstwissenschaftlichen Literatur über Bernardo Bellotto weckte bei mir schon früh den Wunsch, diese Meisterwerke barocker Vedutenmalerei näher zu untersuchen und mit dem heutigen Dresden zu vergleichen: zunächst in Form kleiner Broschüren und Kolumnen, dann als kulturhistorischer Stadtführer, der das Dresden des Augusteischen Zeitalters dem Dresden unsrer Tage gegenüberstellt.

Hierfür wurden zahlreiche Panorama-Aufnahmen aus Räumen heraus fotografiert, in denen Bellotto seine Staffelei aufgestellt hatte, um seine Dresdner Stadtlandschaften *á la plein air* zu malen. Es wurde mir klar, dass Bellotto diese Räume kurzzeitig in Camerae Obscurae verwandelt haben musste. In dieser Phase hat mir Claus Lieberwirth, ein Dresdner Zeitzeuge und Optik-Ingenieur Jenaer Schule, wertvolle Erkenntnisse zu Bellottos Verwendung optischer Instrumente in seinem kreativen Produktionsprozess beigetragen.

Erst nach meinem Umgzug von Dresden nach Darmstadt im Jahr 2017 wurde aus der ursprünglichen Projektidee einer populärwissenschaftlichen Publikation über das Leben und Wirken Bernardo Bellottos in der sächsischen Residenzstadt das Projekt eines kulturgeschichtlich fundierten Stadtführers durch das barocke Dresden. Dieser stellt gewissermaßen einen Rückblick Bellottos auf seine fast 20 Jahre dauerne Dresdner Zeit dar. Dabei erinnert er sich an seine glücklichsten und erfolgreichsten Tage, die er hier zusammen mit seiner Familie in der dritten Etage im sogenannten Caesar'schen Haus in der Salzgasse hinter der Frauenkirche verbracht hat. Mit der Zestörung seiner Wohnung und Werkstatt im Siebenjährigen Krieg begann eine Zeit des Umherwanderns, welches dann schließlich am Hof in Warschau, bei dem Nachfolger seines ersten Dienstherren Augusts III., dem neuen polnischen König Stanislaus II. August Poniatowski, endete.

Während der ganzen Laufzeit des Projektes konnte ich stets auf die Unterstützung von Martin Schuster zählen, mit dem sich im Laufe der Jahre eine enge und vertrauensvolle Zusammenarbeit entwickelte.

Eine Reihe von Dresdner Institutionen und Persönlichkeiten haben diese Publikation auf besondere Weise unterstützt. Wertvolle Anregungen verdanke ich der Gemäldegalerie Alte Meister, namentlich deren ehemaligen Direktor Harald Marx und seinen Kuratoren Gregor J. M. Weber und Andreas Henning, sowie dem Kupferstich-Kabinett, vor allem deren Kuratorin Gudula Metze.

Das 2006 an der Bauingenieurfakultät der Technischen Universität Dresden gegründete George-Bähr-Forum hat durch Veranstaltungen, Diskussionen und Artikel in seinen Jahrbüchern wesentliche Anregungen zu dem Projekt gegeben.

Ohne die vielen persönlichen Kontakte zum Dresdner Geschichtsverein, namentlich Uta Neidhardt und Justus H. Ulbricht, und zur Fördergesellschaft der Dresdner Frauenkirche, vor allen Gerhard Glaser, Heinrich Magirius, Hans-Joachim Jäger, Ernst Hirsch und Henrike-Viktoria Imhof, wäre es nicht gelungen, das kulturhistorische Ereignis eines Rundgangs durch das alte Dresden mit Bernardo und Lorenzo Bellotto in Szene zu setzen.

In der Schlussphase erhielte ich 2020 zu meiner großen Überraschung noch sehr viel Anregung und Ermutigung von dem Kunstfilmer Leif Karpe durch dessen Roman-Erstling „Der Mann, der in die Bilder fiel" und das erfrischende ReiseGeister-Buch „Mit Carmen durch Sevilla". Er hat mir versichert, unser Manuskript inspiriere ihn zu einem Film über Bernardo Bellotto im barocken Dresden.

Wertvolle Anregungen gab Cristina Piccarozzi, Absolventin der Politecnico di Milano in Design della Comunicazione, die mir auch mit ihrem Mann Matteo Meschini bei der Übersetzung der Passagen von Bernardo Bellotto in ein venezianisch klingendes Italienisch behilflich war.

Ein besonders herzlicher Dank geht an den Michael Imhof Verlag, der in diesen pandemischen Zeiten den unternehmerischen Mut aufbrachte, diesen etwas anderen Stadtführer durch das barocke Dresden herauszugeben, und an dessen Team, namentlich und vor allem die Lektorin Dorothée Baganz und die Mediengestalterin Margarita Licht.

Darmstadt, im März 2022

Raimund Herz

AUTOREN

Raimund K. Herz (†)
Prof. Dr.-Ing. Emeritus für Stadtbauwesen,
Technische Universität Dresden

Bauingenieurstudium an den Universitäten in Karlsruhe und Madison USA. Aktivitäten in Forschung, Lehre und Projekten städtischer und regionaler Entwicklung. 1996 an die TU Dresden berufen. Forschungsschwerpunkt: Modellierung von Alterungsprozessen stadttechnischer Infrastrukturnetze und Strategien für deren Rehabilitation. 2006 Gründungsdekan des George-Bähr-Forums an der TU und Wechsel in den Ruhestand. Seither vermehrte Befassung mit Stadtbaugeschichte und dem Dresdner Hofmaler Bernardo Bellotto detto Canaletto. 2017 Umzug nach Darmstadt.

Martin Schuster
Referent in der Plansammlung im Landesamt für Denkmalpflege Sachsen und geschäftsführender Sekretär der Carl Heinrich von Heineken Gesellschaft e.V.

Studium der Kunstgeschichte in Dresden von 1997 bis 2004. Spezialgebiet: Sammlungsgeschichte und Reproduktionsgrafik des 18. Jahrhunderts. Autor zahlreicher Aufsätze zum Dresdner Galeriewerk und zu Dresdner Sammlerpersönlichkeiten sowie Herausgeber der Bände Johann Heinrich von Heucher und Carl Heinrich von Heineken. Beiträge zur Geschichte des Dresdner Kupferstich-Kabinetts im 18. Jahrhundert (Dresden 2010) und Carl Heinrich von Heineken in Dresden und auf Schloss Altdöbern (Dresden 2018).

CANALETTOS BLICK IN DIE FERNE ZUKUNFT

Bernardo Bellotto wirft einen weiten Blick in die Zukunft, bis in die Zeit, in der sich sein Geburtstag zum 300. Male jährt, über die Moderne und Postmoderne hinaus, ein geradezu apokalyptisches Szenario! Ausgangspunkt ist seine Vedute von 1765, der Canaletto-Blick aus dem Blockhaus. Cristina Piccarozzi hat in ihrer nebenstehenden mixed-reality Collage dieser Vedute Elemente hinzugefügt, die Canaletto schon vor dem Siebenjährigen Krieg gemalt hat: aus seiner ersten Dresdner Vedute die Maler-Gruppe im linken Vordergrund und den Hofnarr Fröhlich in der rechten Ecke. Noch älter ist der Goldene Reiter, den er auf seiner Vedute des Neustädter Marktes festgehalten hat. Dazu kommen einige Elemente, die heutzutage andernorts existieren: die Golden Gate Bridge, der goldene Rathausmann, ein Riesenrad, ein Kreuzfahrtschiff, ein Flugzeug und die Frankfurter Skyline, hinter der die Sonne untergeht. Die Szenerie wird zusätzlich belebt durch Superman und zeitgenössische Staffage-Figuren.

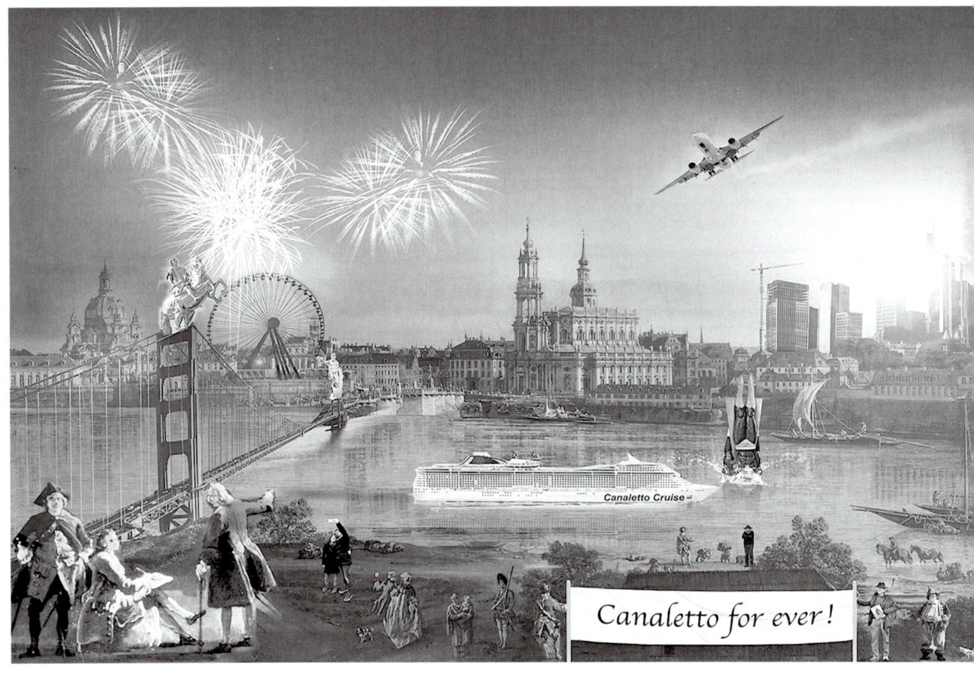

Raimund Herz, *Canalettos Dresden ... ewig unsre Liebe?*
Ausschnitt aus DRESDNER HEFTE Nr. 137, S. 15 f.

BILDNACHWEISE

Dresden, Staatliche Kunstsammlungen Dresden,
Gemäldegalerie Alte Meister,
Elke Estel: S. 17, 114, 115
Hans-Peter Klut: S. 16, 30, 31, 33, 34, 35, 45, 46, 47, 51, 52, 55, 56, 57, 58, 59, 60, 61, 65, 66, 67, 68, 69, 70, 71, 72, 73, 74, 75, 79, 80, 81, 83, 84, 87, 98, 99, 100, 101, 102, 103, 105, 106, 107, 108
Elke Estel/Hans Peter Klut: S. 37, 38, 39, 93, 94, 95, 96, 108
Pozellansammlung: S. 50

Dresden, Landesamt für Denkmalpflege Sachsen,
Sven Köhler: S. 12, 32, 36, 44, 54, 63, 64, 68, 72, 78, 82, 86, 90, 92, 99, 104
Wolfgang Junius: S. 76

Dresden, Deutsche Fotothek: S. 22, 24, 25, 126

Städtische Galerie Dresden, Kunstsammlung : S. 53

Dresden, Claus Lieberwirth: S. 29, 62

Darmstadt, Raimund Herz: S. 10, 11, 13, 88, 110, 123

Karlsruhe, Staatliche Kunsthalle: S. 41, 42, 43

Troyes, Musée des Beaux Arts: S. 91

Google GeoBasis-DE/BKG (©2019): S. 127

Wikipedia: S. 14, 15, 16, 20, 26, 27

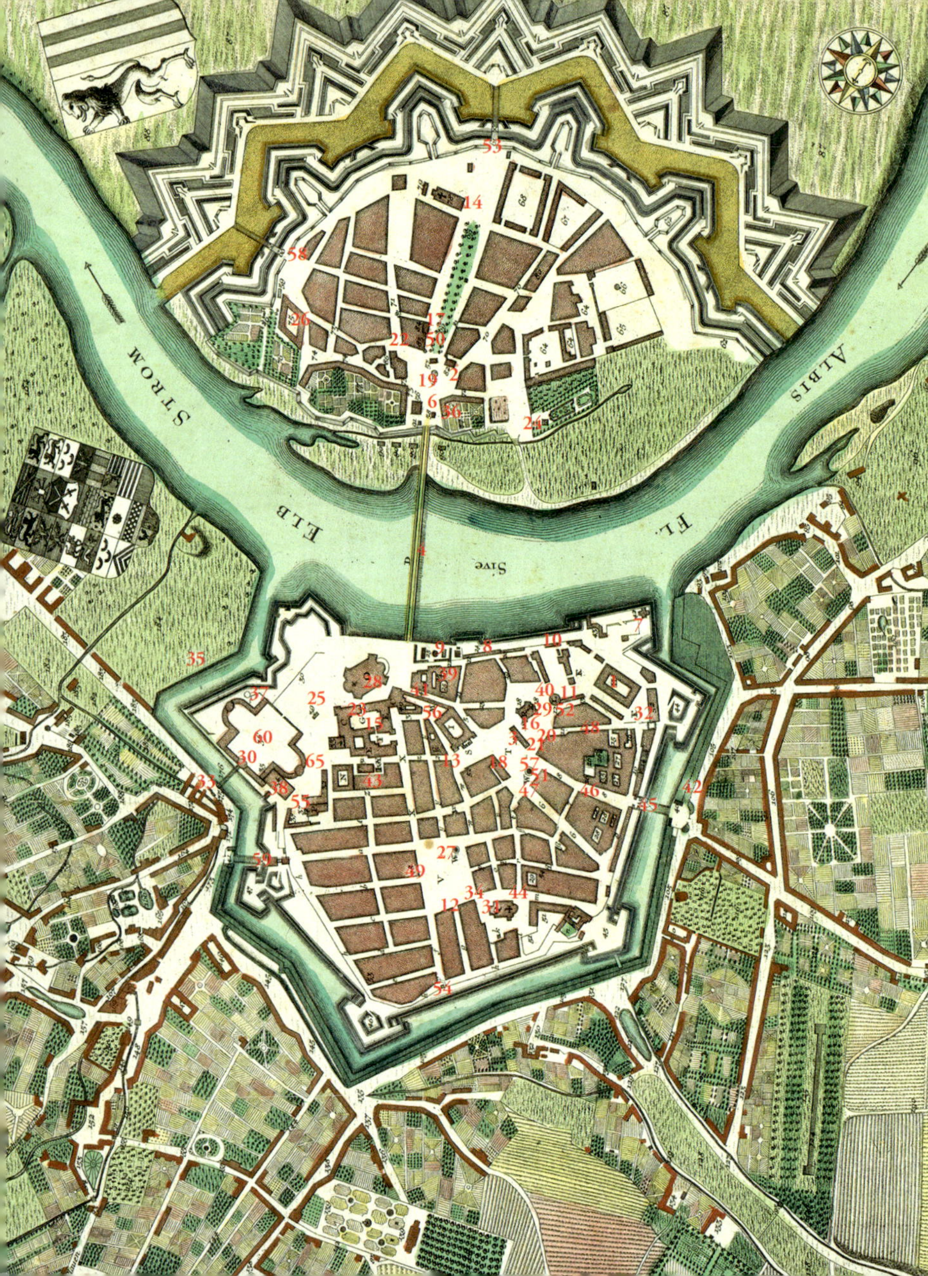

Bauwerke (Standorte siehe Stadtplan 1766 und Stadtplan 2022)

1 Albertinum/Zeughaus
2 Altendresdner Rathaus
3 Altstädter Wache
4 Augustusbrücke
5 Ballhaus
6 Blockhaus
7 Brühlsches Belvedere
8 Brühlsche Bibliothek
9 Brühlscher Gartenpavillon
10 Brühlsche Gemäldegalerie
11 Cäsarsches Haus
12 Chaisenträgerhaus
13 Dinglingerhaus
14 Dreikönigskirche
15 Dresdner Residenzschloss
16 Frauenkirche
17 Gewandhaus Altendresden
18 Gewandhaus Altstadt
19 Goldner Reiter
20 Haus der Glocke
21 Haus zum Goldenen Ring
22 Haus zur Goldenen Sonne
23 Hausmanns-/Schlossturm
24 Hoffmannsches Haus
25 Italienisches Dörfchen
26 Japanisches Palais
27 Justitia-Brunnen
28 Katholische Hofkirche
29 Knöffelsches Haus
30 Kronentor
31 Kreuzkirche
32 Kurländer Palais
33 Malerhaus am Kronentor
34 Marienapotheke
35 Marstall im Ostragehege
36 Narrenhäusel
37 Nymphenbrunnen
38 Opernhaus von Pöppelmann
39 Palais Brühl
40 Palais Cosel
41 Palais Fürstenberg
42 Palais Fürstenhoff
43 Palais Taschenberg
44 Palais Vitzthum-Rutowski
45 Pirnaisches Tor
46 Pirnaische Gasse
47 Poigksches Haus
48 Rampische Gasse
49 Rathaus am Altmarkt
50 Rathaus am Neustädter Markt
51 Salomonis-Apotheke
52 Salzgasse
53 Schwarzes Tor
54 See-Tor
55 Sophienkirche
56 Stallhof
57 Türkenbrunnen
58 Weißes Tor
59 Wilsches Tor
60 Zwinger